年齢別 子どもと作れるアイディア47点　使える！ アレンジ49点

かわいい壁面12か月 DX デラックス

はじめに

「かんたんにかわいい壁面が作りたい！」「子どもと楽しく製作できるアイディアがほしい！」という現場の先生方の声におこたえするのはもちろん、「いつもの壁面をちょっと変えたい…」という願いをかなえる**盛り（プラス）テクニック**もふんだんに取り入れてできたのが本書です。

かわいい季節の壁面と誕生表、合わせて69点の大ボリューム！

「**作り方のポイント**」や「**使える！　アレンジ**」、「**年齢別　子どもと作れるアイディア**」に加え、新たに「**盛りテク**」も掲載！

たくさんの内容を盛り込んだ、まさにデラックスな一冊です。

本書が先生方の楽しくかわいい壁面作り、製作活動のお役にたてればと思います。

編集部一同

本書の特長

保育現場のニーズにこたえた、現場で使いやすい壁面のアイディアが満載の本です！

1 盛りテクDX付き！
かんたんにかわいく壁面をグレードアップさせることができる **盛リテクDX** が新登場！
盛リテクDX をまとめたテクニック集も大公開！

2 3つの工夫がうれしい！
かんたんに作れるアレンジや子どもと楽しめる工夫など
- 年齢別 子どもと作れるアイディア
- 子どもと作れる アレンジ
- 使える！ アレンジ

のアイディアがお役だち！

3 「作りたい！」が探しやすい！
保育者の「作りたい」
＊定番アイテム＊ と
「何で、どのように作るのか」がわかる
・作り方バリエ・で作りたいものが見つけやすい！

4 かわいいがいっぱい！
かわいい季節の壁面
＋
誕生表
全69点の大ボリューム！

本書の見方

保育者が使いやすいように、下記のような見せ方をしています。壁面の例をそのまま生かしても、アレンジやアイディア、盛りテクを取り入れてもOKです！ 各コーナーを参考に、すてきな壁面作り、製作活動に生かしてください。

素材
色画用紙や折り紙など、掲載壁面を作るのに必要な製作素材を示しています。

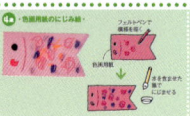

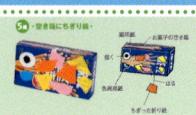

作り方のポイント
掲載壁面の作り方のポイントとなるところを紹介しています。

使える！ アレンジ
素材を変えるなど、ちょっとしたアレンジのアイディアを紹介しています。保育者の壁面アレンジとしてお使いください。かんたんなので子どもと作ってもOK！

年齢別 子どもと作れるアイディア / 子どもと作れる アレンジ
子どもが作れる製作アイディアを紹介しています。年齢別で掲載しているものは、目安として参考にしてください。

盛リテクDX 新登場！ ここがDX
ちょこっとプラスするだけで、いつもの壁面がよりかわいく、より華やかにボリュームアップするテクニックを紹介しています。

素材をプラス・配置換え
カラーアレンジetc…
いつもの壁面からDX壁面に！

もくじ

			定番アイテム	作り方のポイント	・作り方バリエ・ 年齢別 子どもと作れるアイディア / 子どもと作れるアレンジ / 使える!アレンジ	飾りテクDX
1		はじめに				
2		本書の特長／本書の見方				
6	4月	サクラ満開！進級おめでとう	サクラ	素材を組み合わせる	はぎれを組み合わせる	5月も飾れる！
8		お花のアーチでおめでとう！	お花	フラワーペーパーで立体的に	3歳 キッチンペーパーのにじみ絵 4歳 紙コップを切り開く 5歳 色画用紙を折り曲げる	5月も飾れる！
10		チューリップからこんにちは♪	チューリップ	はぎれを組み合わせる	色画用紙をはり合わせる	5月も飾れる！
11		フラワー気球でレッツゴー！	気球	差し込めるしかけ	はぎれをプラス	5月も飾れる！
12		おめでとう列車、出発しまーす！	列車	封筒に装飾	空き箱で立体的に	5月も飾れる！
13		おめでとう！通園バスに乗ってGO!	バス	自画像を乗せる	封筒のポケット	5月も飾れる！
14		チョウチョウがいっぱい、うれしいな♪	チョウチョウ	折り紙の切り紙	3歳 キラキラテープをはる 4歳 たんぽを押す 5歳 スクラッチ	5月も飾れる！
15		みんなで春のお花集め	お花	2つの素材で立体感を	不織布で包む	5月も飾れる！
16	5月	こいのぼりと空のお散歩	こいのぼり	フラワーペーパーをねじる	3歳 シュレッダーの色画用紙をまぶす 4歳 色画用紙のにじみ絵 5歳 空き箱にちぎり絵	素材をプラス
18		みんなで遠足楽しいね	おにぎり	段ボールをはる	ペーパータオルを握って立体的に	いろいろ作ってみよう
			サンドイッチ	色画用紙を重ねる		
19		クローバー畑へようこそ	テントウムシ	きれいな円をまとめ切り	フラワーペーパー詰める	カラーアレンジ
20	6月	明日天気になあれ！	カタツムリ	フラワーペーパーを包む	3歳 段ボールスタンプ 4歳 毛糸を通す 5歳 フラワーペーパーでひだを作る	素材をプラス
22		アジサイバリエーション	アジサイ	いろいろな素材で	カラーポリ袋で包む	配置換え
23		カラフルアンブレラ	傘	円柱で立体感を	色画用紙のちぎり絵	素材をプラス
24		カエルたちの大合唱	カエル	厚紙の帯をはる	折り紙で折る	素材をプラス
25		フラワーフロッグ時計	時計	針が動くしかけ		遊んでみよう
			腕時計		トイレットペーパー芯の腕時計	
26	7月	織り姫と彦星の星空ブランコ	星	均等な形になる切り方	3歳 色画用紙に段ボールスタンプ 4歳 色画用紙にステンシル 5歳 モールで形を作る	配置換え
28		竜宮城へようこそ	魚	スズランテープを通す		素材をプラス
			魚・イカ・クラゲ		封筒で・紙皿で	
29		トロピカルジュースでバカンス	ジュース	にじみ絵とはじき絵	塗ってはがして模様付け	素材をプラス
30		グングン育って！アサガオさん	アサガオ	折り紙の裏を使う	コーヒーフィルターを染める	配置換え
31		風鈴屋さんがやってきた！	風鈴	色画用紙をつなげる	透明素材を使う	素材をプラス

もくじ

			定番アイテム	作り方のポイント	作り方バリエ（子どもと作れるアイディア／アレンジ）	盛りテクDX
32	8月	ヒマワリ畑に遊びに来たよ	ヒマワリ	スズランテープをねじる	3歳 種を描く / 4歳 果物ネットに色を付ける / 5歳 段ボールを巻く	配置換え
33		南の島への大航海	ヨット	素材を組み合わせる	紙皿に装飾	素材をプラス
			住人	トイレットペーパー芯に装飾		
34		浮き輪いかがですか〜？	浮き輪	プチプチシートを巻く		素材をプラス
			カメ		色画用紙を切りばり	
			サンダル		色画用紙で	
			麦ワラ帽子		ゼリー容器で	
35		カラフル花火がドドーン！	花火	ティッシュペーパーをにじませる	開くと変わる	配置換え
36	9月	くるくるブドウパラダイス	ブドウ	色画用紙をくるく巻く	3歳 牛乳パックの土台 / 4歳 毛糸を巻く / 5歳 ペットボトルのふたで	素材をプラス
38		大きなおだんごでお月見♪	おだんご	ラップで包む	ティッシュペーパーを丸める	素材をプラス
39		夕焼け空のトンボたち	トンボ	切り紙の羽	葉っぱのこすり出し	配置換え
40		実りのカキをめしあがれ	カキ	カラーポリ袋で包む	引っ掛けて遊ぼう	素材をプラス
41		虫たちのオーケストラ	虫	段ボールで立体感を	音が鳴るおもちゃ	素材をプラス
42	10月	みんなでスルスルおイモ掘り	サツマイモ	封筒に切り込みを入れる	3歳 綿に色付け / 4歳 毛糸を引っ掛ける / 5歳 家族を作ろう	素材をプラス
44		手作り万国旗で運動会！	旗	透け感のある素材で	クリアフォルダーに挟む	配置換え
45		ハロウィンパーティーが始まるよ♪	カボチャ	色画用紙を重ね切り	自由に顔を描く	キャラクターアレンジ
46	11月	おしゃれミノムシみ〜つけた！	ミノムシ	ちぎってはる	3歳 ひも通し / 4歳 切り紙をはる / 5歳 毛糸をはる	素材をプラス
48		みんなでクリ拾い！	クリ	折り紙を折る	飛び出すしかけ	素材をプラス
49		落ち葉のお面が大集合	お面	落ち葉で装飾	紙皿に装飾	遊んでみよう
50	12月	大きなツリーにみんなで飾ろう♪	靴下	丸シールや紙テープで模様付け	3歳 クレヨンで描く / 4歳 はじき絵 / 5歳 欲しい物を描く	素材をプラス
52		カラフルリースでクリスマス	リース	素材を組み合わせる	3歳 色画用紙をもんでねじる / 4歳 傘袋に詰める / 5歳 毛糸を通す	素材をプラス
54		サンタさんにお願い♥カード	サンタカード	色画用紙の円柱を重ねる		カラーアレンジ
			プレゼントボックス		空き箱で	
55		かまくら作りにあったか手袋	手袋	細かく切った毛糸をはる	手形のはじき絵	素材をプラス

56	**1月** みんなで羽根突き1・2・3！	羽子板	色画用紙に装飾	3歳 封筒に描く 4歳 干支を描く 5歳 段ボールに装飾	配置換え
58	掛け軸ししまいでハッピーニューイヤー	ししまい	和紙を染める	手に持って遊ぶ	素材をプラス
59	ぷくぷくおもち焼けました〜！	もち	傘袋に詰める フラワーペーパーで包む	色画用紙にコラージュ	カラーアレンジ
60	**2月** 鬼は外！ 的当てゲーム	鬼	スチレン皿と紙皿で	紙袋のお面	遊んでみよう
61	折り紙鬼さんお空で散歩♪	鬼 金棒	折り紙を折る	アルミホイルで立体的に	素材をプラス
62	あったかメニューを作ろう！	鍋メニュー	素材を見たてる	切り込みに差し込む	みんないっしょに
63	キラキラ舞い散る雪の結晶	雪の結晶	竹ひごに巻く	切り込みに引っ掛ける	配置換え
64	雪だるま作り大作戦！	雪だるま	綿をはる	フラワーペーパーをはる	素材をプラス
65	ドキドキ♥バレンタイン	チョコレート	色画用紙でトッピング	紙粘土にトッピング	素材をプラス
66	**3月** 動物たちのひなまつり	おひなさま	千代紙と色画用紙を重ねる	3歳 フラワーペーパーを詰める 4歳 千代紙を重ねる 5歳 毛糸を巻く	素材をプラス
67	ふんわりスポンジのおひなさま	おひなさま	スポンジに千代紙を巻く	3歳 折り紙を折る 4歳 コーヒーフィルターを染める 5歳 千代紙を折る	素材をプラス
68	進級おめでとう列車、しゅっば〜つ！	お花	フラワーペーパーをねじる	3歳 丸シールをはる 4歳 切り紙をはる 5歳 色画用紙の輪をはる	キャラクターアレンジ
70	おめでとう気球に乗って出発！	気球	カラーポリ袋で包む	似顔絵を描く	配置換え
71	2色の切り起こしタンポポ	タンポポ・綿毛	色画用紙に切り込みを入れる	画用紙の帯を重ねる	カラーアレンジ
72	**誕生表** 飛び出すスターのプレゼント☆	星	光る素材と合わせる	カラーポリ袋で包む	素材をプラス
73	季節のモチーフでウキウキ誕生日	季節のモチーフ 数字	段ボールで立体感を	いろいろな素材で作る	配置換え
74	バースデーケーキをめしあがれ	ロウソク ケーキ	色画用紙のまとめ切り	チラシの切り抜きを使う	カラーアレンジ
75	プチカップケーキでお祝いしよう	カップケーキ	ナチュラル素材を組み合わせる	写真をプラス	キャラ足し
76	お誕生日の汽車ポッポー！	汽車	綿ロープでつなげる	写真をプラス	配置換え
78	おとぎの国からバースデー	音符 こびと	色画用紙のまとめ切り	手足が動くしかけ	配置換え
79	ワクワク恐竜パラダイス	たまご	色画用紙で模様付け	包装紙を加える	素材をプラス
80	プカプカ飛ばそう♪シャボン玉パーティー	シャボン玉	マーブリング	ペーパータオルににじみ絵	配置換え

81 ★ かわいく華やかにグレードアップ！ 使える盛りテク集

84 ♥ かんたん！ 便利 お手軽型紙

4月
サクラ満開！進級おめでとう

満開のサクラ並木が進級児をお出迎え！ 木の土台を不織布にすることで、ふんわり優しい印象に。

型紙 ▶ 84ページ

製作/うえはらかずよ

素材 色画用紙・画用紙・不織布・折り紙（金）・リボン

作り方のポイント

＊サクラ＊ ・素材を組み合わせる・

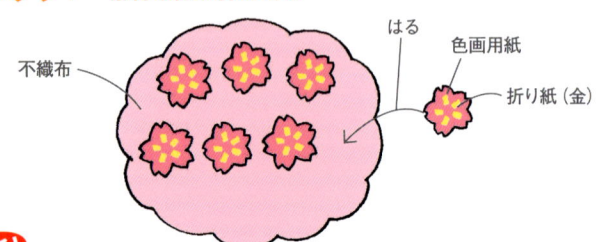

- 不織布
- はる
- 色画用紙
- 折り紙（金）

使える！アレンジ

＊サクラ＊ ・はぎれを組み合わせる・

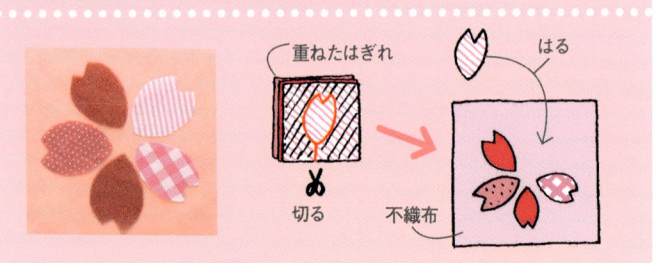

- 重ねたはぎれ
- 切る
- はる
- 不織布

盛りテクDX　5月も飾れる！

- 階段折りしたフラワーペーパー
- 折ってはる
- ホチキス
- 切る
- 開く
- 描く
- はる
- 色画用紙
- 色画用紙
- はる
- 描く
- レースペーパー

サクラをはり替えて新緑の木々に。小鳥の羽は、階段折りのフラワーペーパーやレースペーパーでカラフルに作るとGOOD！

しんき

ゆう おめでとう

4月 🍓
お花のアーチで おめでとう！

華やかなお花のアーチから、動物たちが登場します。立体的なお花がインパクト大！ 楽しい気持ちで1年をスタートさせましょう。

型紙 ▶ 85ページ　　　　　　　　　　　　　　🖍製作／あきやまりか

素材 色画用紙・画用紙・折り紙・フラワーペーパー

作り方のポイント

＊お花＊ ・フラワーペーパーで立体的に・

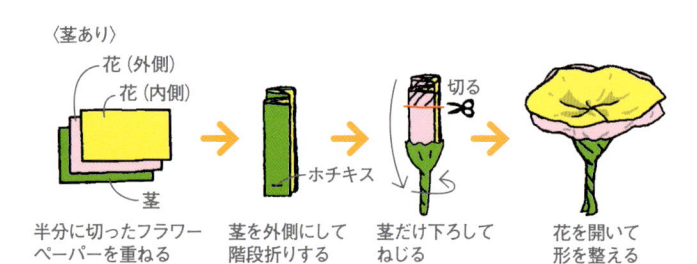

〈茎あり〉

花（外側）
花（内側）
茎

→ ホチキス → 切る →

半分に切ったフラワーペーパーを重ねる　茎を外側にして階段折りする　茎だけ下ろしてねじる　花を開いて形を整える

めでとう

年齢別 子どもと作れるアイディア

お花

3歳・キッチンペーパーのにじみ絵・
- 花の形に切ったキッチンペーパー
- フェルトペンで模様を描く
- 霧吹きでにじませる

4歳・紙コップを切り開く・
- 切り込みを入れる
- 開く
- 紙コップ
- フェルトペンで描く
- 丸シールをはる

5歳・色画用紙を折り曲げる・
- 色画用紙
- 切り込みを入れる
- 丸めたフラワーペーパーをはる
- 階段折りまたはくるんと巻く

〈茎なし〉
- 花（内側）／花（外側）
- 半分に切ったフラワーペーパーを重ねる
- 階段折りする → 切る・ホチキス
- 花を開いて形を整える・先端をねじる

〈重ね切り〉
- フラワーペーパーや折り紙
- 折る → 切る → 開く

盛リテクDX 5月も飾れる！

子どもの名前入りの写真をプラス。クラスの一員という気持ちが深まりますね。

ぐみのおともだち

4月の壁面

4月

チューリップからこんにちは♪

大きなチューリップから、動物たちが顔を出してごあいさつ。はぎれを混ぜたカラフルな色合いが保育室をぐっと明るくしてくれます。

型紙 ▶ 86ページ

製作/むかいえり

素材 色画用紙・画用紙・はぎれ

作り方のポイント

＊チューリップ＊
・はぎれを組み合わせる・

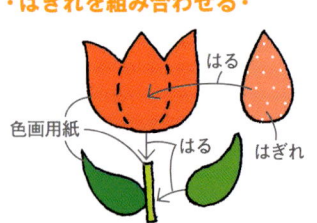

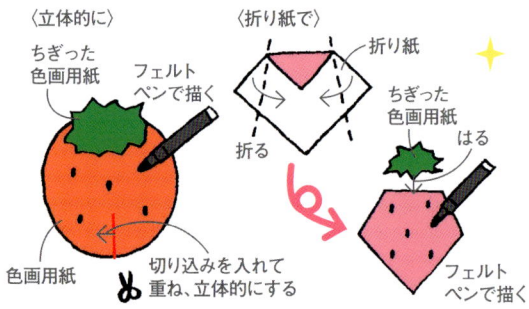

色画用紙／はる／はぎれ

子どもと作れる アレンジ

＊チューリップ＊
・色画用紙をはり合わせる・

はり合わせる／色画用紙／花の形になるように巻いてはる／ストロー／色画用紙／はる

盛りテクDX 5月も飾れる！

緑のイチゴ畑に変身させて、5月の壁面に！

〈立体的に〉
ちぎった色画用紙／フェルトペンで描く／色画用紙／切り込みを入れて重ね、立体的にする

〈折り紙で〉
折り紙／折る／ちぎった色画用紙／はる／フェルトペンで描く

4月の壁面

4月
フラワー気球でレッツゴー！

お花の気球に乗って、新学期のスタートです！ 気球はポケットが付いているので、キャラクターを差し込めるのがポイント。

型紙 ▶87ページ

製作/あきやまりか

素材 色画用紙・画用紙・フラワーペーパー・厚紙・カラーポリ袋・綿・輪ゴム

作り方のポイント

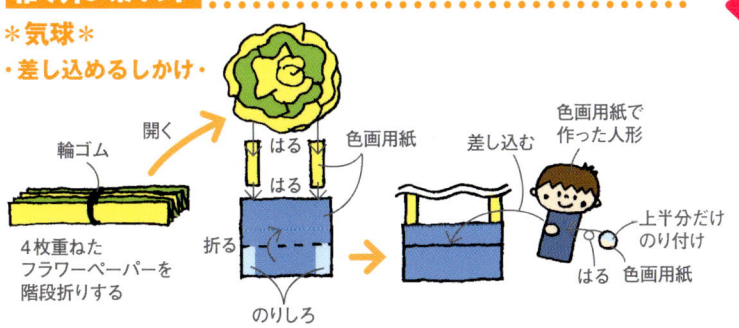

＊気球＊
・差し込めるしかけ・

- 輪ゴム
- 4枚重ねたフラワーペーパーを階段折りする
- 開く
- はる
- 色画用紙
- はる
- 折る
- のりしろ
- 差し込む
- 色画用紙で作った人形
- 上半分だけのり付け
- はる
- 色画用紙

使える！アレンジ
・はぎれをプラス・

＊気球＊
- はる
- 色画用紙
- はる
- はぎれ
- 色画用紙

盛りテクDX 5月も飾れる！

キャラクターを、子どもが描いた自画像と入れ替えて、気球に乗せて遊んでみましょう。どの気球に乗ろうかな？

4月の壁面

おめでとう

4月
おめでとう列車、出発しまーす!

みんなを乗せたおめでとう列車が、春の野原をぐんぐん進みます! 子どもの写真付き人形は、誕生表やほかの月の壁面にもアレンジできるのがうれしいですね。

型紙 ▶ 88ページ　　製作／谷村あかね

素材 色画用紙・包装紙・封筒・麻ひも

作り方のポイント

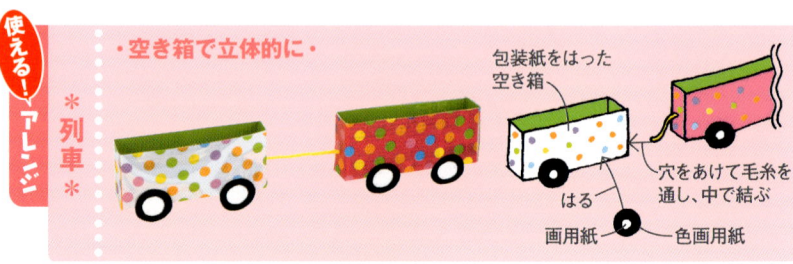

＊列車＊
・封筒に装飾・
- 包装紙
- 中に入れる
- 子どもの写真
- 色画用紙
- 半分に切った封筒
- はる
- 色画用紙

使える! アレンジ
・空き箱で立体的に・
＊列車＊
- 包装紙をはった空き箱
- はる
- 画用紙
- 色画用紙
- 穴をあけて毛糸を通し、中で結ぶ

盛りテクDX　5月も飾れる!

列車を下げて、子どもたちが作ったこいのぼりをはります。ワクワク空のお散歩です。

- 切った折り紙
- 顔を描く
- はる
- 色画用紙
- 画用紙

4月
おめでとう！ 通園バスに乗ってGO！

通園バスに乗って、先生の待つ園へGO！ 自画像をバスに乗せると、登園の期待も高まりますね。
型紙 ▶88ページ

製作/イケダヒロコ

素材 色画用紙・画用紙・カラー片段ボール・段ボール

作り方のポイント

＊バス＊ ・自画像を乗せる・

画用紙に自画像を描く → 段ボールをはる → はる
カラー片段ボール／画用紙／色画用紙

使える！ アレンジ

・封筒のポケット・

＊バス＊ 白い封筒／切る → 絵に合わせて切る／描く → 入れる／マスキングテープ／はる／画用紙／色画用紙

盛リテクDX 5月も飾れる！

はじき絵のこいのぼりに自画像を乗せて、園からお出かけ！ 5月にピッタリです。

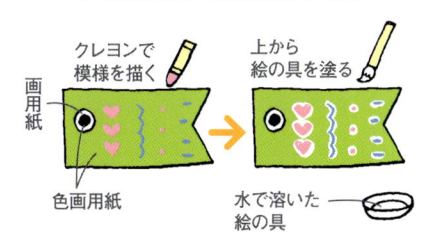

クレヨンで模様を描く → 上から絵の具を塗る
画用紙／色画用紙／水で溶いた絵の具

4月の壁面

4月
チョウチョウがいっぱい、うれしいな♪

お花畑にチョウチョウが遊びにやってきました。羽は自由に切り紙で模様を作って、オリジナルのチョウチョウをたくさん飛ばしましょう。

型紙▶89ページ

製作/田中なおこ

素材 色画用紙・画用紙・折り紙・モール

作り方のポイント

チョウチョウ ・折り紙の切り紙・

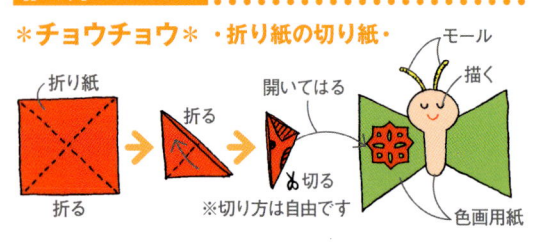

折り紙 → 折る → 折る → 開いてはる ※切り方は自由です

モール／描く／色画用紙

年齢別 子どもと作れるアイディア

チョウチョウ

- **3歳** ・キラキラテープをはる・
  モール/描く/色画用紙/はる/キラキラテープ

- **4歳** ・たんぽを押す・
  たんぽを押す/絵の具/色画用紙/描く

- **5歳** ・スクラッチ・
  色画用紙/モール/描く
  クレヨンで模様を描き上から濃い色で塗りつぶす
  割りばしペンで引っかいて模様を描く

盛りテクDX　5月も飾れる!

チョウチョウをツバメに替えるだけなのでかんたん! ツバメののどを赤くすると本物そっくりに。

14

4月の壁面

4月
みんなで春のお花集め

大きなカゴいっぱいに、華やかな春のお花をたくさん集めました。お花は立体的に飾って、ボリューム感アップ！

型紙 ▶ 89ページ　　　製作／むかいえり

素材　色画用紙・画用紙・フラワーペーパー・輪ゴム

作り方のポイント

＊お花＊・2つの素材で立体感を・

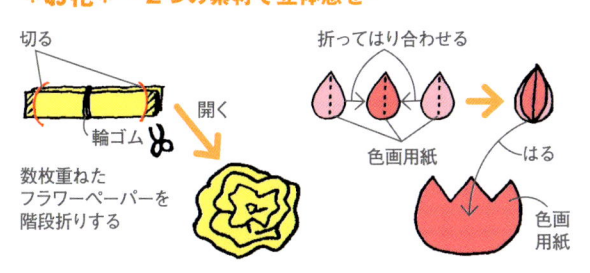

切る／輪ゴム／数枚重ねたフラワーペーパーを階段折りする／開く

折ってはり合わせる／色画用紙／はる

使える！アレンジ

＊お花＊　・不織布で包む・

ピンキングばさみで切った不織布 → 包む → 丸めた不織布 → 輪ゴムで留める → 内側に起こして形を整える

盛りテクDX　5月も飾れる！

色画用紙でイチゴを作って、カゴにどっさり乗せよう！

クレヨンで描く／色画用紙／ちぎった色画用紙／のりしろ／はる

5月
こいのぼりと空のお散歩

みんなでこいのぼりに乗って、大空をお散歩しよう！
ねじったフラワーペーパーのうろこが、軽やかさを演出します。

型紙 ▶ 90ページ　　製作／みさきゆい

素材　色画用紙・画用紙・フラワーペーパー・折り紙　千代紙

作り方のポイント

＊こいのぼり＊　・フラワーペーパーをねじる・

- 色画用紙
- 画用紙
- 色画用紙
- 千代紙
- はる
- はる
- 半分に折る
- フラワーペーパーをねじる

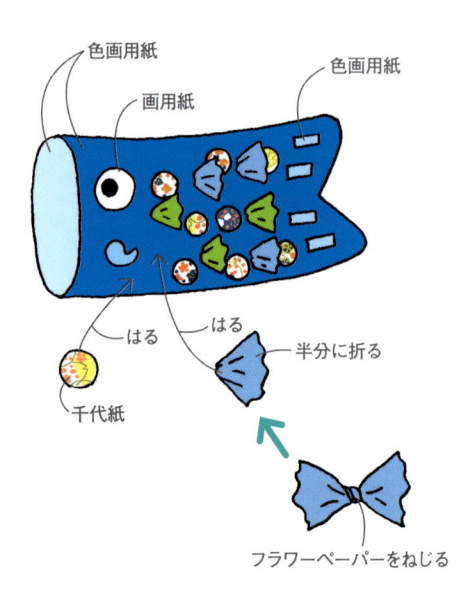

年齢別　子どもと作れるアイディア

＊こいのぼり＊

3歳・シュレッダーの色画用紙をまぶす・
- 描く
- 色画用紙
- 両面テープ
- ザブーン！
- こいのぼりにまぶす
- 切った色画用紙
- 空き箱

4歳・色画用紙のにじみ絵・
- フェルトペンで模様を描く
- 色画用紙
- 水を含ませた筆でにじませる

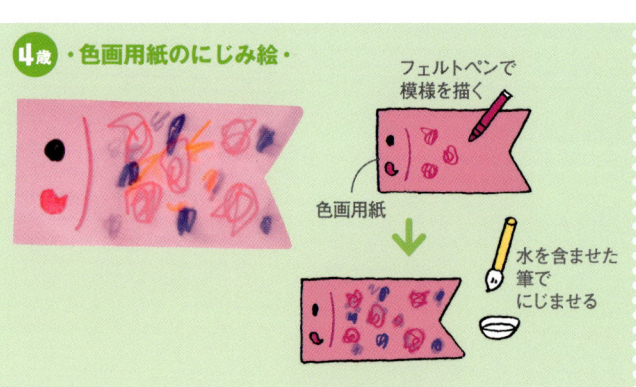

5歳・空き箱にちぎり絵

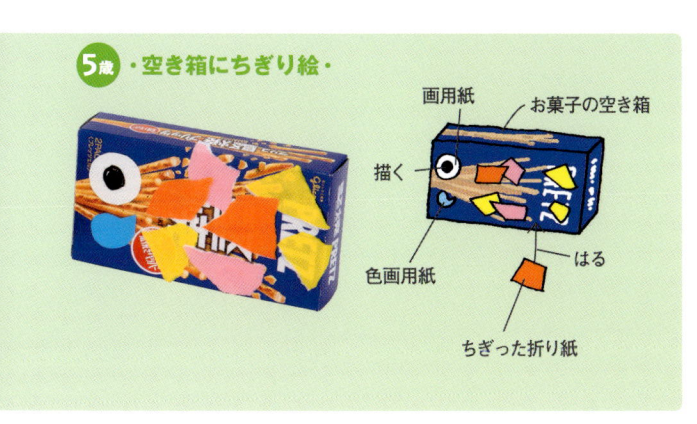

- お菓子の空き箱
- 画用紙
- 描く
- 色画用紙
- はる
- ちぎった折り紙

盛りテク DX 素材をプラス

スズランテープのポンポンをうろこに見たててはってみても。透け感のある涼しげな素材は、こいのぼりにピッタリ！

5月の壁面

5月 みんなで遠足楽しいね

待ちに待った春の遠足。お山のてっぺんで、楽しいお弁当の時間です。シートは包装紙を使うと、模様も楽しめますね。

型紙 ▶ 91ページ

製作／コダシマアコ

素材 色画用紙・画用紙・包装紙・フラワーペーパー

作り方のポイント

おにぎり・サンドイッチ

・段ボールをはる・
〈おにぎり〉
段ボール
画用紙
はる
色画用紙

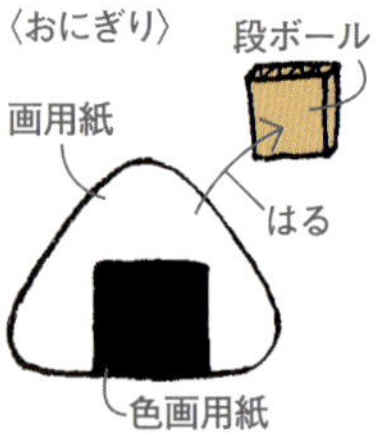

・色画用紙を重ねる・
〈サンドイッチ〉
重ねてはる
画用紙
色画用紙
※サンドイッチの具材はすべて色画用紙

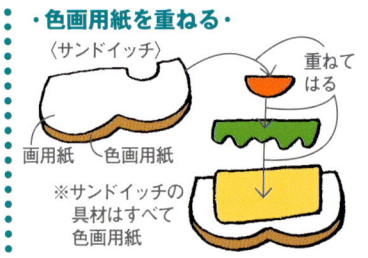

子どもと作れるアレンジ

おにぎり

・ペーパータオルを握って立体的に・

ペーパータオルを握って形を整える

色画用紙 巻いてはる
丸めた色画用紙 はる

盛りテクDX いろいろ作ってみよう

〈エビフライ〉
色画用紙をくしゃくしゃにして形を整える
のりを塗って付ける
切った色画用紙を入れた空き箱

〈たまご焼き〉
フラワーペーパー
細く折ったペーパータオル
巻く
巻いてはる

〈ブロッコリー〉
色画用紙
巻いて留める

エビフライ
たまご焼き
ブロッコリー

色画用紙やフラワーペーパーを巻いたりねじったりして形を作りました。ほかにも自分の好きなお弁当のおかずを作ってみましょう！

5月 クローバー畑へようこそ

ポカポカ陽気のクローバー畑から、テントウムシがこんにちは。みんなで四つ葉のクローバーを探してみよう！

型紙 ▶91ページ　　　　　　　　　　　製作/ささきともえ

素材 色画用紙

作り方のポイント

＊テントウムシ＊・きれいな円をまとめ切り・

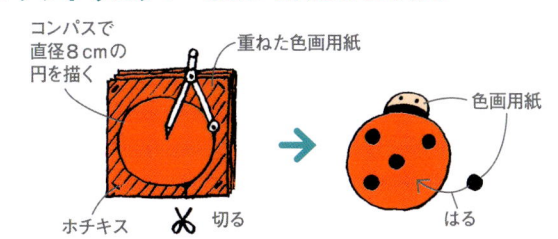

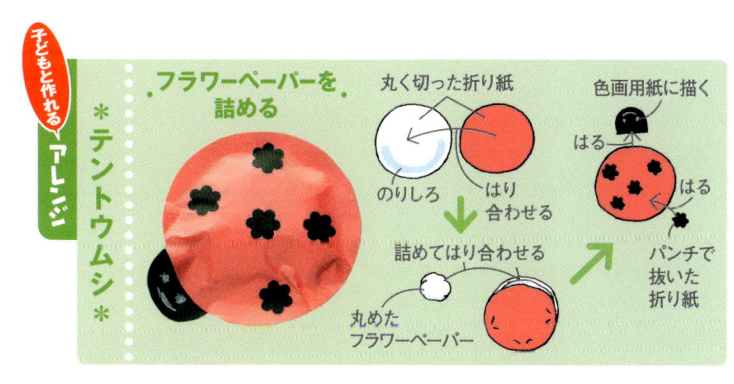

- コンパスで直径8cmの円を描く
- 重ねた色画用紙
- ホチキス
- 切る
- 色画用紙
- はる

子どもと作れる アレンジ

＊テントウムシ＊

フラワーペーパーを詰める

- 丸く切った折り紙
- のりしろ
- はり合わせる
- 詰めてはり合わせる
- 丸めたフラワーペーパー
- 色画用紙に描く
- はる
- はる
- パンチで抜いた折り紙

盛りテクDX カラーアレンジ

子どもたちが自由に好きな色画用紙を選んで作ると、カラフルなテントウムシになりますね。点は丸シールをはるとかんたんで楽しい！

5月の壁面

6月
明日天気になあれ！

カラフルなカタツムリたちが、虹の上を大行進！ フラワーペーパーをポリ袋で包んだり、プチプチシートをはったりと、ところどころ立体的にするのがポイントです。

型紙 ▶ 92ページ　　　　　製作／とりうみゆき

素材 色画用紙・画用紙・フラワーペーパー・ポリ袋
プチプチシート・毛糸

作り方のポイント

＊カタツムリ＊　・フラワーペーパーを包む・

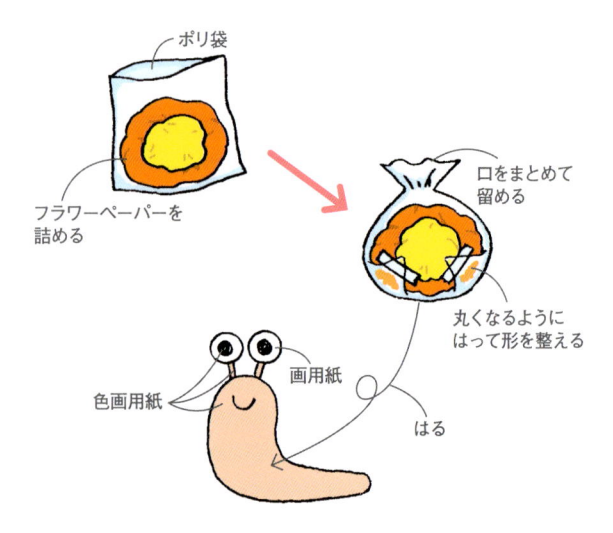

- ポリ袋
- フラワーペーパーを詰める
- 口をまとめて留める
- 丸くなるようにはって形を整える
- 色画用紙
- 画用紙
- はる

年齢別 子どもと作れるアイディア

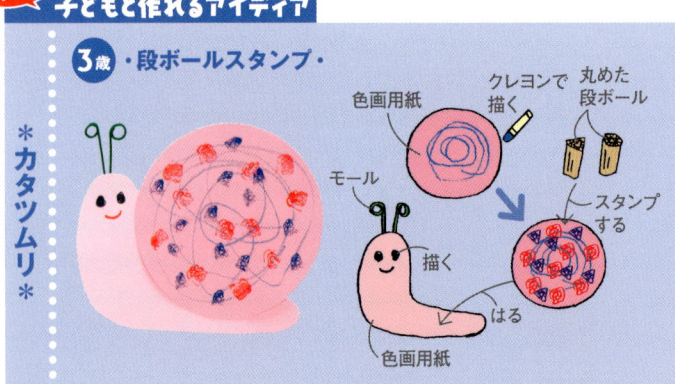

＊カタツムリ＊

3歳 ・段ボールスタンプ・
- 色画用紙
- モール
- クレヨンで描く
- 丸めた段ボール
- スタンプする
- 描く
- はる
- 色画用紙

4歳 ・毛糸を通す・
- 毛糸を通す
- 画用紙
- 描く
- 穴をあけた色画用紙
- はる
- 色画用紙

5歳 ・フラワーペーパーでひだを作る・

渦を描く
色画用紙
画用紙 描く
ストロー
色画用紙
細長く切ったフラワーペーパー
ひだを寄せながらはる
はる

盛りテクDX 素材をプラス

雨が続いた日などに子どもたちと、てるてるぼうずを作ってみるのもいいですね。壁面に飾って、梅雨空を吹き飛ばしましょう！

6月の壁面

6月
アジサイバリエーション

梅雨になるとあちこちで見られるアジサイを、3つのバリエーションでご紹介。子どものようすに合わせて、素材を選んでみても。

型紙▶93ページ　　　　　　　　　　　　　　　製作/むかいえり

素材　色画用紙・画用紙・フラワーペーパー・段ボール・発泡シート

作り方のポイント

アジサイ　・いろいろな素材で・

〈段ボールスタンプ〉
段ボールを巻いてスタンプを作る
スタンプする
描く
色画用紙

〈発泡シート+フラワーペーパー〉
発泡シート
フェルトペンで描く
重ねてはる
描く
色画用紙
フラワーペーパー
画用紙

〈フラワーペーパー〉
フラワーペーパーをねじってはる
色画用紙

使える!アレンジ
アジサイ
・カラーポリ袋で包む・ 
油性フェルトペンで描く
色画用紙
描く
はる
カラーポリ袋をかぶせた発泡容器

盛リテクDX　配置換え

アジサイをひとつにまとめて、大きなアジサイにしてみましょう。

おおきーい!　きれーい!

6月
カラフルアンブレラ

いろいろな色や柄の傘がいっぱいあって、雨の日が楽しくなりそう！
画用紙の円柱で浮かせて飾るのがテクニック。

型紙 ▶ 93ページ

製作/くるみれな

素材 色画用紙・画用紙・折り紙

作り方のポイント

傘 ・円柱で立体感を・

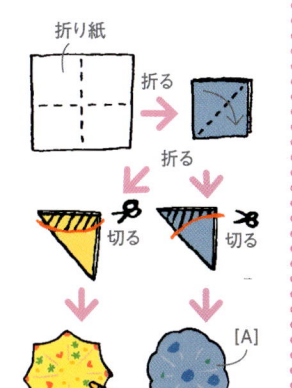

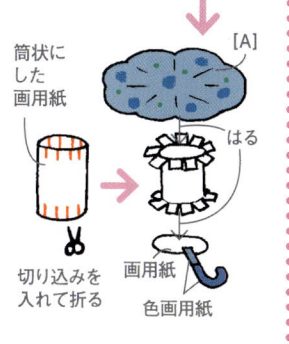

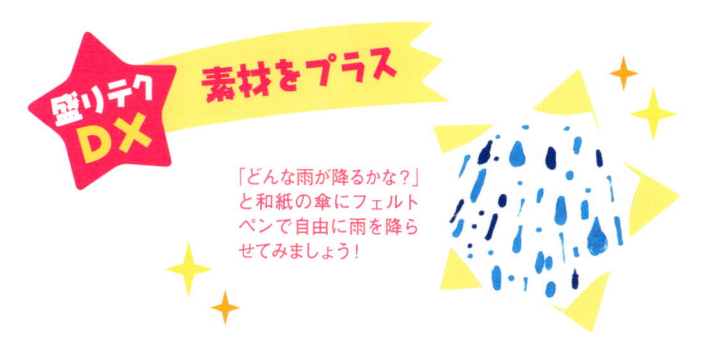

折り紙 → 折る → 折る → 切る → 切る

広げてフェルトペンで模様を描く

筒状にした画用紙

切り込みを入れて折る

はる
画用紙
色画用紙

子どもと作れる アレンジ

・色画用紙のちぎり絵・

傘

ちぎった色画用紙
色画用紙
はる
はる 画用紙
色画用紙

盛りテク DX 素材をプラス

「どんな雨が降るかな？」と和紙の傘にフェルトペンで自由に雨を降らせてみましょう！

6月 カエルたちの大合唱

まるで歌っているかのように、楽しそうに揺れるカエルたち。帯は長さや折り曲げる角度でバランスの調整を。

型紙 ▶ 94ページ　製作/ピンクパールプランニング

素材 色画用紙・厚紙

作り方のポイント

＊カエル＊・厚紙の帯をはる・

- 裏にはる
- 色画用紙をはった厚紙
- 両面テープ
- 色画用紙

子どもと作れる アレンジ

＊カエル＊

・折り紙で折る・

※折り方は94ページ

壁面から外したあとはピョンピョン跳ばして遊べます！

盛りテクDX 素材をプラス

- カラー片段ボール
- オーロラシート

葉をカラー片段ボール、水面をオーロラシートに替えるなど、モチーフに合った素材を選んで飾るとより華やかになります。

6月
フラワーフロッグ時計

大きな時計の周りにカエルたちが集まって、時間をお知らせしてくれます。色画用紙の花はまとめ切りできるのでラクラク作れます!

型紙 ▶ 95ページ

製作／降矢和子

素材 色画用紙・画用紙・割りピン

作り方のポイント

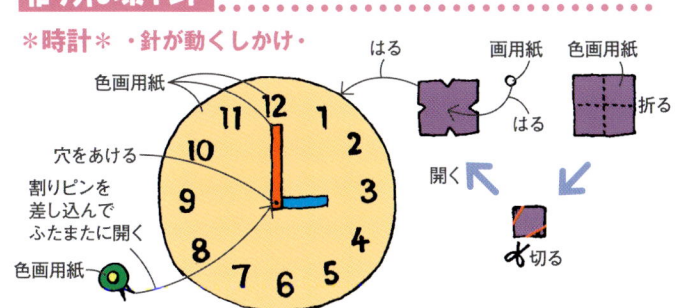

時計 ・針が動くしかけ・

- 色画用紙
- 穴をあける
- 割りピンを差し込んでふたまたに開く
- 色画用紙
- はる
- 画用紙
- 色画用紙
- 折る
- 開く
- 切る

子どもと作れるアレンジ
・トイレットペーパー芯の腕時計・

- トイレットペーパー芯
- 切る
- 色画用紙
- 描く
- はる
- 丸シール
- はる

盛りテクDX 遊んでみよう

実際の時間に合わせて針を動かしてみても。子どもが時計に興味を持つきっかけになるといいですね。

6月の壁面

7月
織り姫と彦星の星空ブランコ

天の川のブランコで遊ぶ織り姫と彦星を、満天の星空が優しく見守ります。星は均等に切れる折り方があるので、覚えておくと応用が利きますね。作り方を要チェック！

型紙 ▶ 95ページ　　　　　製作／大橋文男

素材 色画用紙・画用紙・キラキラ折り紙・キラキラモール
カラーポリ袋・綿・カラー片段ボール

作り方のポイント

星 ・均等な形になる切り方・

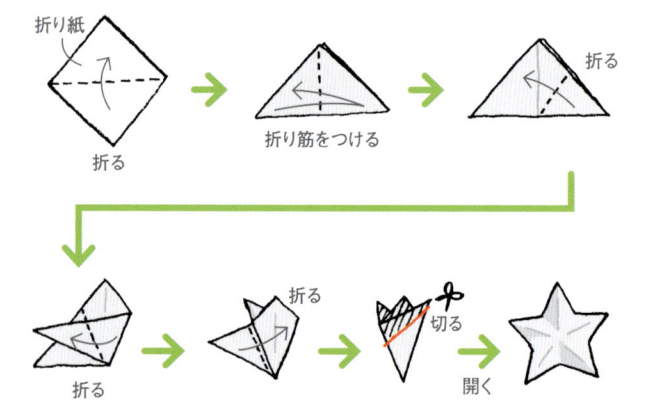

折り紙 → 折る → 折り筋をつける → 折る
↓
折る → 折る → 切る → 開く

年齢別 子どもと作れるアイディア

星

3歳・色画用紙に段ボールスタンプ・

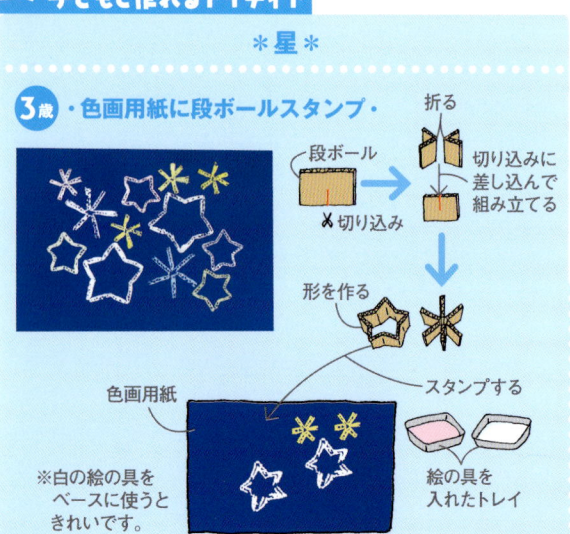

段ボール → 切り込みに差し込んで組み立てる → 形を作る → スタンプする

絵の具を入れたトレイ

色画用紙

※白の絵の具をベースに使うときれいです。

4歳・色画用紙にステンシル・

絵の具を入れたトレイ　厚紙　×切り抜く
色画用紙　たんぽでステンシル

5歳 ・モールで形を作る・

キラキラモールで星形を作る

盛リテクDX 配置換え

星のブランコを天井からつるすと立体的になり、ユラユラ揺れて楽しい！

ブランコだ〜

27
7月の壁面

7月 竜宮城へようこそ

人魚の先生が魚の子どもたちを出迎えています。スズランテープの尾がカラフルで華やか！ 魚の色や表情などに、子どもの個性が光ります。

型紙 ▶ 96ページ

製作／くるみれな

素材 色画用紙・画用紙・スズランテープ・紙皿・プチプチシート

作り方のポイント

魚 ・スズランテープを通す・

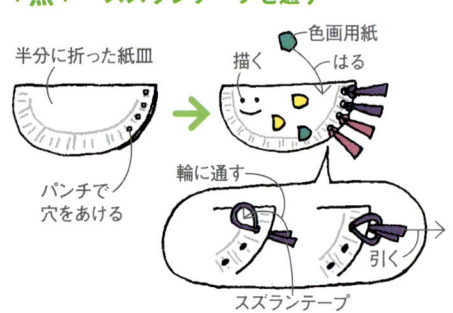

- 半分に折った紙皿
- パンチで穴をあける
- 描く
- 色画用紙 はる
- 輪に通す
- 引く
- スズランテープ

子どもと作れるアレンジ

魚・イカ・クラゲ

・封筒で・

〈魚〉
- フェルトペンで描く
- 中に詰める
- カラー封筒
- ねじる
- 丸めたティッシュペーパー

〈イカ〉
- 描く
- はる
- 画用紙
- 紙テープ
- ティッシュペーパーを詰めた封筒

・紙皿で・

〈クラゲ〉
- 半分に切った紙皿
- 色画用紙
- 画用紙
- はる
- 穴をあける
- 穴に通して結ぶ
- スズランテープ

盛りテクDX 素材をプラス

オーロラシートの波をプラスすると、涼しげでゴージャスに！

7月
トロピカルジュースでバカンス

夏のビーチにぴったりのカラフルなジュースを、にじみ絵とはじき絵で作ります。自分だけのオリジナルジュースを作ってみよう！

型紙▶96ページ
製作/あきやまりか

素材 色画用紙・画用紙

作り方のポイント

ジュース
・にじみ絵とはじき絵・

〈にじみ絵〉
- 色画用紙
- はる
- 水性フェルトペンで模様を描く
- 水
- にじませる
- 画用紙

〈はじき絵〉
- 階段折りした色画用紙
- はる
- はじき絵する
- クレヨンで模様を描く
- 水で溶いた絵の具
- 画用紙

子どもと作れる アレンジ

・塗ってはがして模様付け・

ジュース
- 画用紙
- 絵の具を塗る
- はる
- マスキングテープ
- 乾いたらはがす

盛りテクDX 素材をプラス

果物もプラスして、よりトロピカル感をアップさせても。

バナナ
メロン

7月の壁面

7月
グングン育って！アサガオさん

お祭りに行く途中に、すくすく生長したアサガオを見つけました。中心の星形は花と同系色の折り紙の裏を使うと色が透けてきれい！

型紙 ▶ 97ページ

製作／マメリツコ

素材 色画用紙・折り紙・カラー片段ボール・紙テープ

作り方のポイント

＊アサガオ＊ ・折り紙の裏を使う・

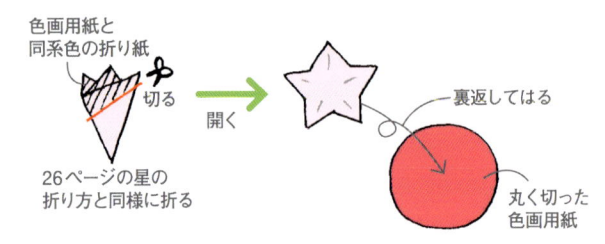

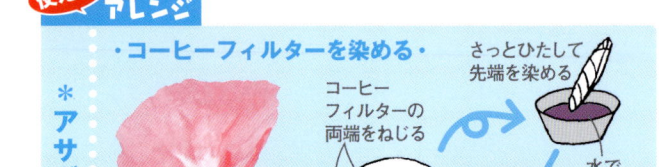

色画用紙と同系色の折り紙 → 切る → 26ページの星の折り方と同様に折る → 開く → 裏返してはる → 丸く切った色画用紙

使える！アレンジ

＊アサガオ＊ ・コーヒーフィルターを染める・

コーヒーフィルターの両端をねじる → さっとひたして先端を染める → 水で溶いた絵の具 → 先端を開いて形を整える

盛りテクDX 配置換え

カラー片段ボールの支柱の長さや本数を調整して縦長に構成すると、狭いスペースにも飾れるようになります。

7月 風鈴屋さんがやってきた！

涼やかな音色の風鈴をたくさん持って、風鈴屋さんがやってきました！ 屋台は段ボールを組み合わせて作っています。

型紙 ▶ 97ページ

製作／藤沢しのぶ

素材 色画用紙・画用紙・包装紙・千代紙・たこ糸・鈴・段ボール

作り方のポイント

＊風鈴＊ ・色画用紙をつなげる・

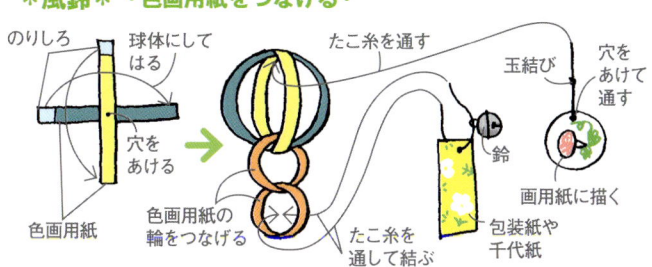

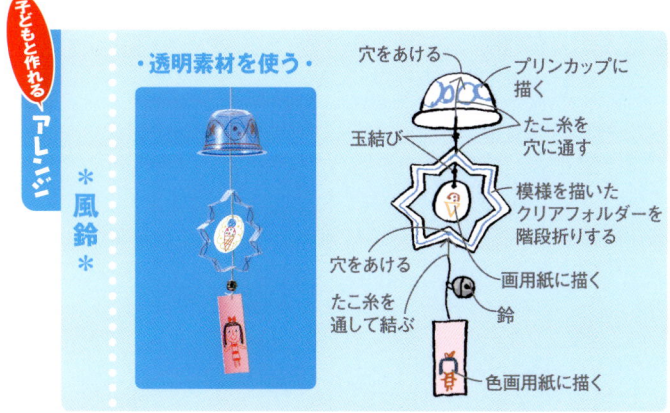

- のりしろ
- 球体にしてはる
- たこ糸を通す
- 玉結び
- 穴をあけて通す
- 穴をあける
- 色画用紙
- 色画用紙の輪をつなげる
- たこ糸を通して結ぶ
- 鈴
- 画用紙に描く
- 包装紙や千代紙

子どもと作れるアレンジ ＊風鈴＊

・透明素材を使う・

- 穴をあける
- プリンカップに描く
- 玉結び
- たこ糸を穴に通す
- 模様を描いたクリアフォルダーを階段折りする
- 穴をあける
- たこ糸を通して結ぶ
- 画用紙に描く
- 鈴
- 色画用紙に描く

盛リテクDX 素材をプラス

段ボールを立体的にはって、風鈴を壁から離してつるします。うちわであおぐと優しく揺れて心地良い鈴の音が♪

8月 ヒマワリ畑に遊びに来たよ♪

清涼感のあるスズランテープの花びらがきれいな、夏らしい壁面です。黄色とオレンジを混ぜながら、大輪のヒマワリを咲かせましょう。

型紙 ▶ 98ページ

製作/田中なおこ

素材 色画用紙・画用紙・スズランテープ

作り方のポイント

ヒマワリ ・スズランテープをねじる・

クレヨンで描く → 色画用紙 → はる → スズランテープをねじる → 折る → はる → 画用紙

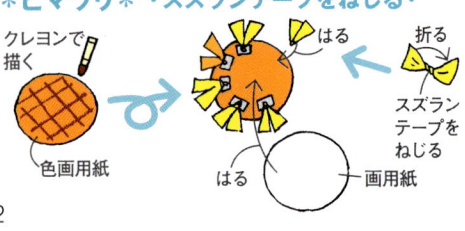

年齢別 子どもと作れるアイディア

3歳・種を描く
ヒマワリ
色画用紙／クレヨンで種を描く

4歳・果物ネットに色を付ける
果物ネット 切る → 絵の具の入ったトレイ つける → 色画用紙 はる → 乾かしてはる

5歳・段ボールを巻く
巻く 段ボール → 紙テープ → 裏にはる

盛りテクDX 配置換え

キャラクターを壁面の中央下に集め、背景を全面グリーンにします。空いているところにヒマワリをあしらえば、満開のヒマワリ畑に変身！

8月 🍉
南の島への大航海

広い海を、自分だけのヨットで大冒険！ 南の島から、住人たちがお出迎えしてくれます。穏やかな波は、スズランテープをねじって。

型紙 ▶ 98ページ　　　製作／イケダヒロコ

素材 色画用紙・画用紙・カラーポリ袋・スズランテープ・クレープ紙
トイレットペーパー芯・竹ぐし・プチプチシート

作り方のポイント

＊ヨット＊
・素材を組み合わせる・

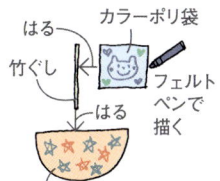

- はる／カラーポリ袋
- 竹ぐし／フェルトペンで描く
- はる
- 色画用紙に描く

＊住人＊
トイレットペーパー芯に装飾

- 色画用紙で顔を作る
- 色画用紙を巻いたトイレットペーパー芯
- 色画用紙／切り込み
- はる／巻いてはる
- 階段折りした色画用紙／巻いてはる／ねじったクレープ紙

子どもと作れるアレンジ

＊ヨット＊
・紙皿に装飾・

- フェルトペンで模様を描く
- 半分に折る
- 丸シール
- はる／ストロー／カラーポリ袋／はる／色画用紙

盛りテクDX　素材をプラス

スズランテープのポンポンを波に見たてて、動きを出しましょう。

8月
浮き輪いかがですか〜?

海の家の浮き輪屋さんは、今日も大忙し。浮き輪をさまざまな動物に見たてて飾ると楽しいですね。U字に曲げたモールのフックに掛けると取り外しがかんたん!

型紙 ▶99ページ

製作/降矢和子

素材 色画用紙・画用紙・カラーポリ袋・プチプチシート モール・ビニールテープ

作り方のポイント

＊浮き輪＊ ・プチプチシートを巻く・

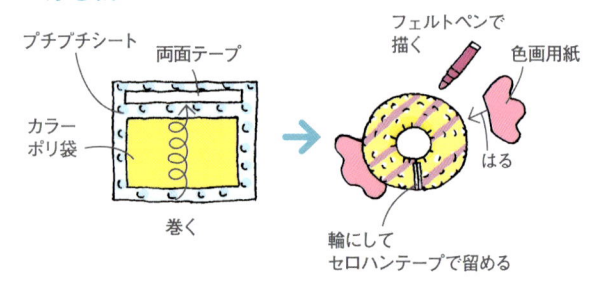

- プチプチシート
- 両面テープ
- カラーポリ袋
- 巻く
- フェルトペンで描く
- 色画用紙
- はる
- 輪にしてセロハンテープで留める

子どもと作れる アレンジ

＊カメ・サンダル・麦ワラ帽子＊

・色画用紙を切りばり・〈カメ〉
- 半分に折った色画用紙
- 切り取る
- 切る
- 開く
- 描く
- はる
- 色画用紙

・色画用紙で・〈サンダル〉
- 紙テープ
- 色画用紙
- 色画用紙に描く
- はる

・ゼリー容器で・〈麦ワラ帽子〉
- 包装紙で包んだゼリー容器
- 色画用紙
- 角を切る
- はる
- 丸めたフラワーペーパー
- はる

盛りテクDX 素材をプラス

空き箱、プチプチシートなどをプラスして、よりお店屋さんらしいディスプレイに!

サンダル

うみのいえ

8月の壁面

8月 カラフル花火がドドーン!

夏の夜空に打ち上がる大きな花火。なんとティッシュペーパーでできています。カラフルな色の組み合わせや模様作りを楽しみましょう。

型紙 ▶ 99ページ

製作/藤江真紀子

素材 色画用紙・画用紙・ティッシュペーパー

作り方のポイント

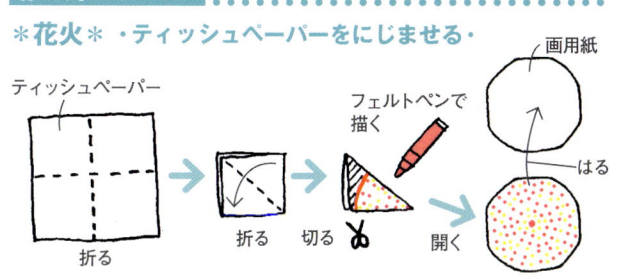

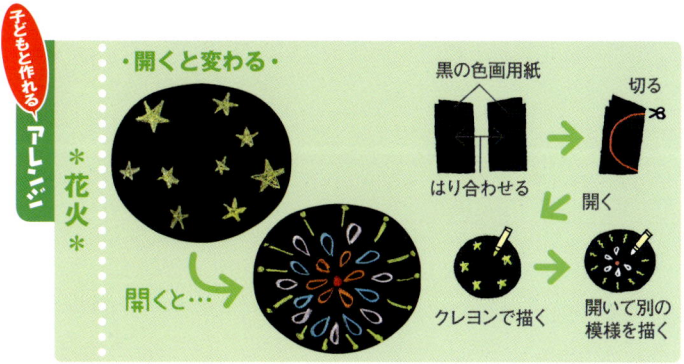

花火 ・ティッシュペーパーをにじませる・

ティッシュペーパー → 折る → 折る → 切る → フェルトペンで描く → 開く → 画用紙にはる

子どもと作れる アレンジ
・開くと変わる・

黒の色画用紙 → はり合わせる → 切る → 開く → クレヨンで描く → 開いて別の模様を描く

開くと…

盛りテクDX 配置換え

「日本一大きい花火だね」などと話しながらみんなで何枚もはり合わせた大きな花火を中央に飾り、囲むように残りの花火を飾ると迫力が出ますね。

ヒュ〜ドーン!!

8月の壁画

9月 くるくるブドウパラダイス

素材 色画用紙・画用紙・モール

作り方のポイント

ブドウ・色画用紙をくるくる巻く・

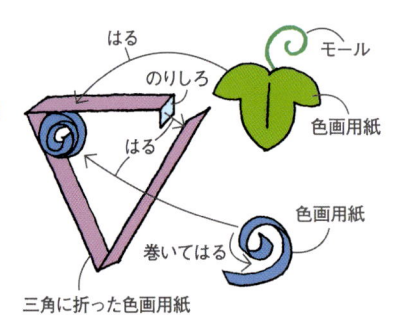

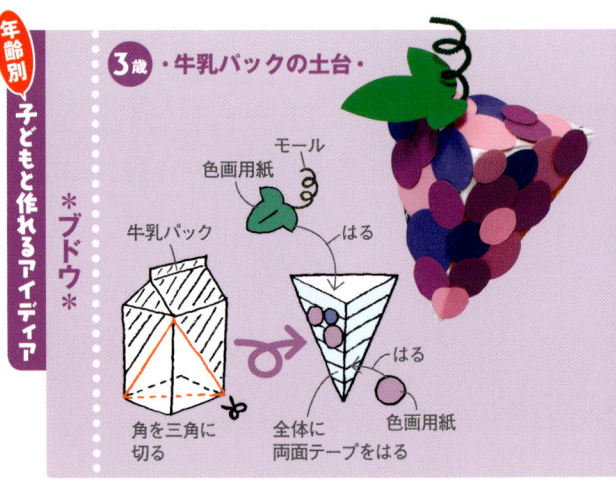

のりしろ
はる
はる
モール
色画用紙
巻いてはる
色画用紙
三角に折った色画用紙

いろいろな色や大きさのブドウがいっぱい！ ブドウの実は、色画用紙の帯をくるくる巻いてまん丸に。

型紙▶100ページ　製作/あきやまりか

年齢別 子どもと作れるアイディア

3歳・牛乳パックの土台・

ブドウ

牛乳パック
色画用紙
モール
はる
角を三角に切る
全体に両面テープをはる
色画用紙
はる

盛りテク DX 素材をプラス

4歳 ・毛糸を巻く・
- 裏にはる
- 色画用紙
- 差し込んではる
- 色画用紙
- 毛糸を巻く
- 段ボール

5歳 ・ペットボトルのふたで・
- 折り紙をかぶせ型を取る
- ペットボトルのふた
- はる
- ペットボトルのふたを外す
- モール
- 色画用紙

天井からつるす

モールを引っ掛ける

段ボールの帯を組み合わせてブドウ棚を作り、つるして飾ってみよう！

9月の壁面

9月 🍇
大きなおだんごでお月見♪

お月さまに届きそうなほど高く乗せたおだんごがインパクト大！ 本物そっくりのおだんごは、綿をラップで包んで立体感を出しています。

型紙 ▶ 101ページ　　　　製作/マメリツコ

素材 色画用紙・画用紙・綿・ラップ・カラー片段ボール

作り方のポイント

＊おだんご＊ ・ラップで包む・

ラップで包む / 画用紙 / 綿

子どもと作れるアレンジ
ティッシュペーパーを丸める

＊おだんご＊

ティッシュペーパーを丸めて留める

どんどんつくろう！

色画用紙をはったティッシュペーパーの箱

盛リテクDX　素材をプラス

麻ひもとモールを組み合わせたススキを添えるだけで、ぐっと秋らしくなります。

9月の壁面

9月
夕焼け空のトンボたち

夕焼け空にトンボがたくさん集まって、すっかり秋の雰囲気です。羽は切り紙でいろいろな模様に。裂いた和紙を束ねたススキでより秋らしく。

型紙 ▶ 101ページ

製作/藤沢しのぶ

素材 色画用紙・画用紙・折り紙・和紙・モール

作り方のポイント

トンボ ・切り紙の羽・

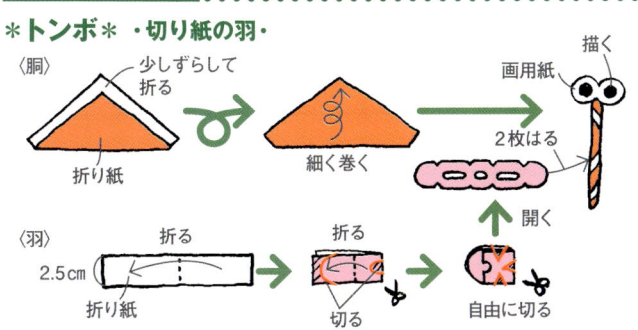

〈胴〉 折り紙 → 少しずらして折る → 細く巻く → 2枚はる → 画用紙 描く

〈羽〉 2.5cm 折り紙 → 折る → 切る → 自由に切る → 開く

子どもと作れる アレンジ
トンボ
・葉っぱのこすり出し・
クレヨンでこすり出す
コピー用紙
切る
色画用紙に描く
重ねる
はる
はる
色画用紙に描く

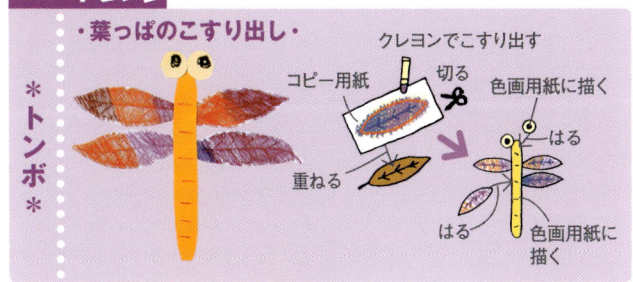

盛りテクDX 配置換え

トンボを斜め上に向かって流れるように飾り付けると、まとまりが出ます。

9月の壁面

ns

9月
実りのカキをめしあがれ

クラフト紙をもんで形作った大きな木に、たくさんのカキが実りました！「どれがおいしそうかな？」と動物たちが収穫を楽しんでいます。

型紙 ▶ 102ページ

製作／降矢和子

素材 色画用紙・カラーポリ袋・綿・段ボール・クラフト紙

作り方のポイント

＊カキ＊ ・カラーポリ袋で包む・

- カラーポリ袋で包む
- 綿を乗せる
- 段ボール
- 色画用紙
- はる

使える！アレンジ
・引っ掛けて遊ぼう・
＊カキ＊
S字フックに引っ掛けてみよう！
モール

盛りテクDX 素材をプラス

色や形をアレンジして別の果物を作ってみても。リンゴ、ナシ、ブドウ…。実りの秋を楽しみましょう！ 食育にもつながります。

40
9月の壁面

9月
虫たちのオーケストラ

草むらのステージで、虫たちのコンサートが始まりました。奥行きを出すために、手前の虫は段ボールをはって浮かせています。

型紙 ▶ 103ページ

製作／北向邦子

素材 色画用紙・画用紙・段ボール

作り方のポイント

＊虫＊ ・段ボールで立体感を・

すべて色画用紙

段ボール
はる

子どもと作れるアレンジ

・音が鳴るおもちゃ・

鈴　ビーズ
入れる
色画用紙
テープで留める
描く
はる
乳酸菌飲料の空き容器
はる
丸シール
色画用紙

盛りテクDX 素材をプラス

背景の星に色画用紙の帯と鈴をプラスしてみましょう。風に揺れて優しい音色を奏でてくれます。

10月
みんなでスルスルおイモ掘り

収穫の秋はおイモ掘りへ！ 封筒の畑から出たツルを引っ張ると、スルスルっとおイモが出ます。実際のおイモ掘りのあとに遊ぶとより盛り上がりますね。

型紙▶104ページ　　　　　　　　　　　製作/あきやまりか

素材 色画用紙・画用紙・スズランテープ・封筒

作り方のポイント

サツマイモ ・封筒に切り込みを入れる・

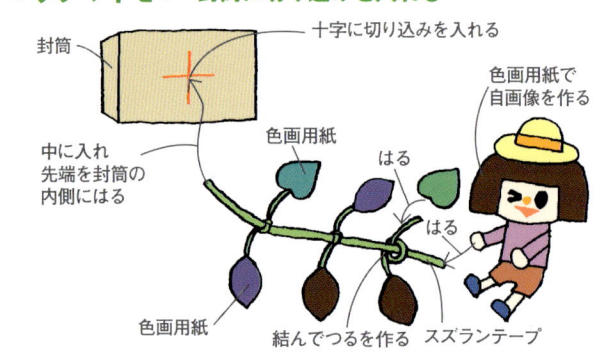

- 封筒
- 十字に切り込みを入れる
- 中に入れ先端を封筒の内側にはる
- 色画用紙
- はる
- はる
- 色画用紙で自画像を作る
- 色画用紙
- 結んでつるを作る
- スズランテープ

年齢別 子どもと作れるアイディア

＊サツマイモ＊

3歳 ・綿に色付け・
- 綿に絵の具を付けて手でもむ
- ビニール袋
- 色画用紙
- スズランテープ
- はる
- 輪ゴムで縛る
- 色画用紙

4歳 ・毛糸を引っ掛ける・
- 段ボール
- 切り込みを入れる
- 描く 色画用紙
- 差し込む
- 色画用紙
- スズランテープ
- 毛糸を巻いて引っ掛ける

5歳 ・家族を作ろう・
- スズランテープ
- 色画用紙
- パーツはすべて色画用紙と画用紙
- 描く
- はる

盛りテクDX 素材をプラス

壁面の下にカゴを置いて、引き抜いたサツマイモを入れられるようにすると、おイモ掘りごっこが楽しめます。

43
10月の壁面

10月
手作り万国旗で運動会!

待ちに待った運動会。個性が輝く手作りの旗で盛り上げましょう。形や素材を工夫して、世界にひとつだけの旗を作ってみましょう!

型紙 ▶ 104ページ

製作/藤沢しのぶ

素材 色画用紙・画用紙・カラーポリ袋・スズランテープ
プチプチシート・ビニールテープ・丸シール・麻ひも

作り方のポイント

旗 ・透け感のある素材で・

〈プチプチシート〉
- ビニールテープ
- 油性フェルトペンで塗る
- プチプチシート
- 裏にはる
- スズランテープ

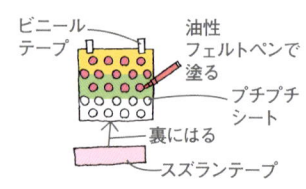

〈カラーポリ袋〉
- カラーポリ袋
- ビニールテープ
- 描く
- 丸シール
- ビニールテープをはって模様を付ける

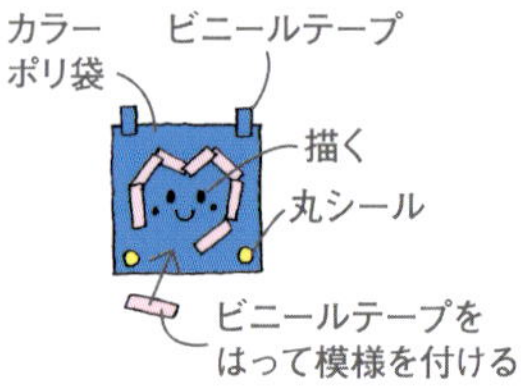

子どもと作れる アレンジ

旗
・クリアフォルダーに挟む・
- キラキラテープ
- 画用紙に描く
- 挟む
- マスキングテープで留める
- クリアフォルダー

盛りテク DX 配置換え

透けてもきれいな素材を使っているので、窓やドアのガラス部分に飾ってもいいですね。

10月 ハロウィンパーティーが始まるよ♪

トリックオアトリート！ 重ね切りでできるかんたんカボチャをたくさん飾って、ハロウィンパーティーを盛り上げましょう！

型紙▶105ページ

製作／福島 幸

素材 色画用紙・画用紙・折り紙（金）

作り方のポイント

＊カボチャ＊ ・色画用紙を重ね切り・

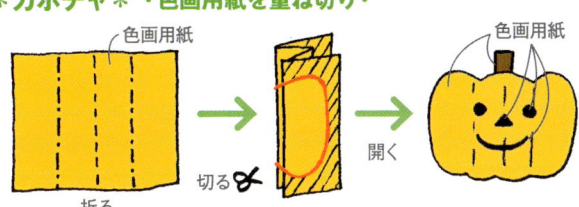

色画用紙 → 折る → 切る → 開く → 色画用紙

子どもと作れるアレンジ

・自由に顔を描く・

＊カボチャ＊

色画用紙
クレヨンで描く
壁面と同様の作り方のカボチャ

こんなかお〜

盛りテクDX キャラクターアレンジ

壁面にある魔女やお化け以外にも仮装キャラクターを増やして、にぎやかに飾ってみましょう。ドラキュラやコウモリなど、かわいらしく装飾できるといいですね。

45

10月の壁面

11月
おしゃれミノムシ みーつけた！

公園の木を見上げてみると…いたいた！ おしゃれなミノムシさんがいっぱい！ 中の虫は取り出せるので、友達と交換しても楽しめます。

型紙▶106ページ

製作／藤沢しのぶ

素材 色画用紙・画用紙・折り紙・包装紙・ティッシュペーパー たこ糸・クラフト紙

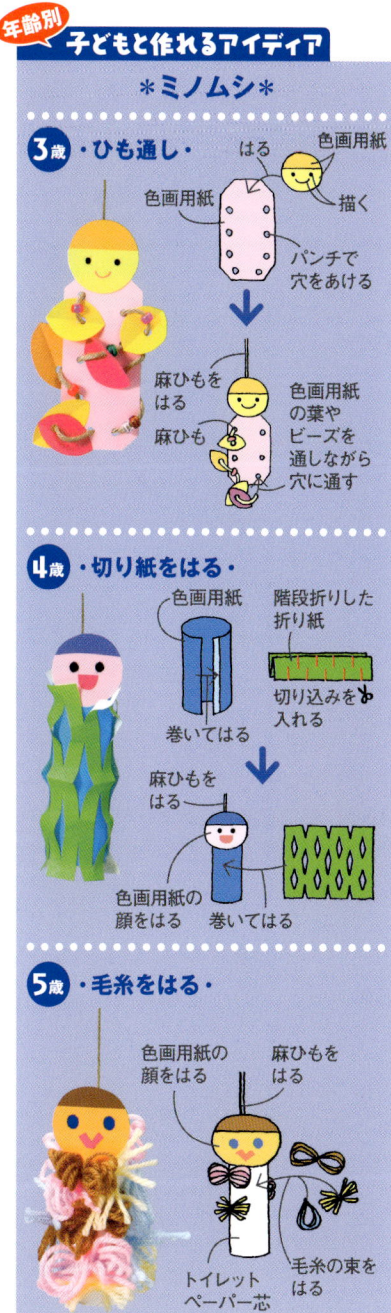

年齢別 子どもと作れるアイディア

ミノムシ

3歳・ひも通し・

- 色画用紙
- はる
- 描く
- 色画用紙
- パンチで穴をあける
- 麻ひもをはる
- 麻ひも
- 色画用紙の葉やビーズを通しながら穴に通す

4歳・切り紙をはる・

- 色画用紙
- 巻いてはる
- 階段折りした折り紙
- 切り込みを入れる
- 麻ひもをはる
- 色画用紙の顔をはる
- 巻いてはる

5歳・毛糸をはる・

- 色画用紙の顔をはる
- 麻ひもをはる
- トイレットペーパー芯
- 毛糸の束をはる

作り方のポイント

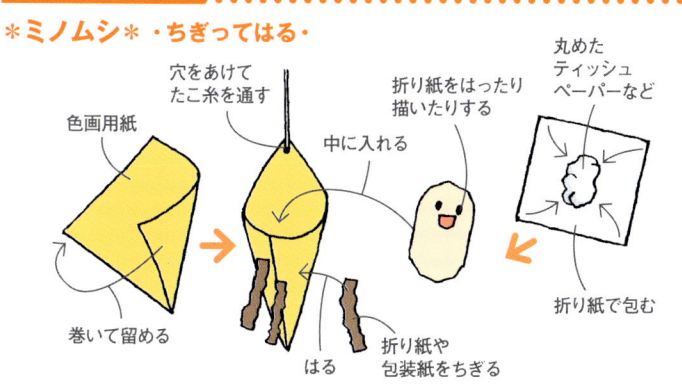

ミノムシ ・ちぎってはる・

- 色画用紙
- 巻いて留める
- 穴をあけてたこ糸を通す
- 中に入れる
- 折り紙をはったり描いたりする
- 丸めたティッシュペーパーなど
- はる
- 折り紙や包装紙をちぎる
- 折り紙で包む

盛リテクDX 素材をプラス

クラフト紙の木にはる葉っぱを本物の落ち葉に！ みんなで落ち葉を集めに行くのも楽しいですね。

47

11月の壁面

11月
みんなでクリ拾い！

トゲトゲがいっぱいのいがの中にはクリがぎっしり詰まっています！
クリの折り方はかんたんなので、大小さまざまに作ってみましょう。

型紙 ▶ 106ページ

製作 / むかいえり

素材 色画用紙・画用紙・折り紙

作り方のポイント

クリ ・折り紙を折る・

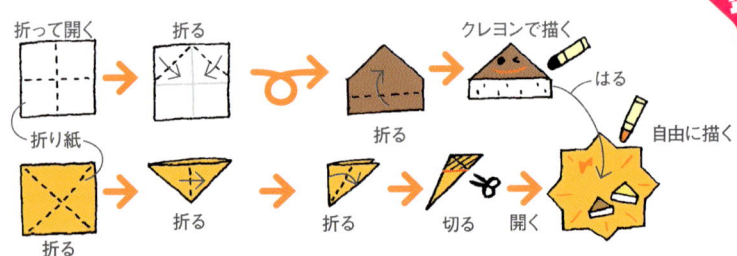

折って開く → 折る → 折る → クレヨンで描く → はる → 自由に描く
折り紙
折る → 折る → 折る → 切る → 開く

子どもと作れるアレンジ ・飛び出すしかけ・ *クリ*

細長く切った色画用紙を交互に折っていく

色画用紙 / 描く / クレヨンで模様を描く / 裏にはる / はる / 紙皿 / 切り込みを入れて折る

盛りテクDX 素材をプラス

いがの周りにキラキラモールをあしらって、よりいがっぽさを演出してみましょう。

11月
落ち葉のお面が大集合

落ち葉型に切った色画用紙に、集めた落ち葉をはってお面に。みんなの作品を並べてはると迫力満点！

型紙▶107ページ

製作／むかいえり

素材 色画用紙・落ち葉・輪ゴム・麻ひも・木製の洗濯バサミ

作り方のポイント

＊お面＊ ・落ち葉で装飾・

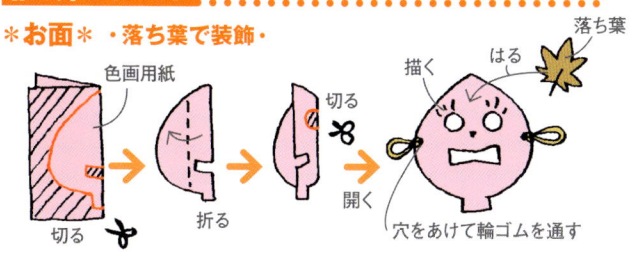

切る → 折る → 切る → 開く → 描く／はる／落ち葉／穴をあけて輪ゴムを通す

色画用紙

子どもと作れるアレンジ

＊お面＊ ・紙皿に装飾・

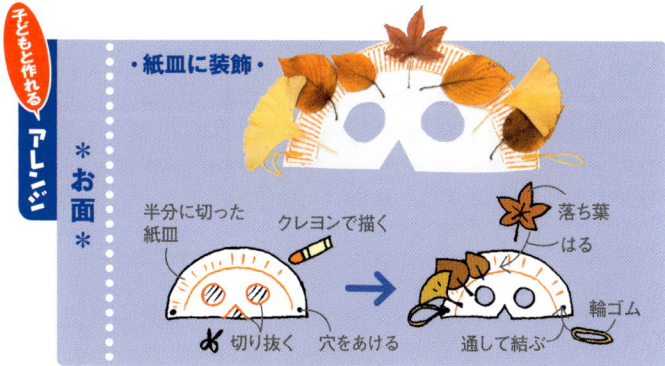

半分に切った紙皿 → クレヨンで描く → 落ち葉／はる／通して結ぶ／輪ゴム

切り抜く／穴をあける

盛りテクDX 遊んでみよう

お面は壁面から外したら、実際にかぶって遊べます。壁面を変えるときに持って帰れるのもうれしい！

12月

大きなツリーにみんなで飾ろう♪

モミの木に、みんなでオーナメントの飾り付け。クリスマスへの期待が高まりますね。不織布の大きなリボンや装飾用モールなどプラスして、ゴージャスに！

型紙 ▶ 108ページ　　　　　　　　　　　　　　　　　　製作／福島 幸

素材　色画用紙・画用紙・丸シール・紙テープ・綿・不織布・装飾用モール・キラキラシート

作り方のポイント

＊靴下＊　・丸シールや紙テープで模様付け・

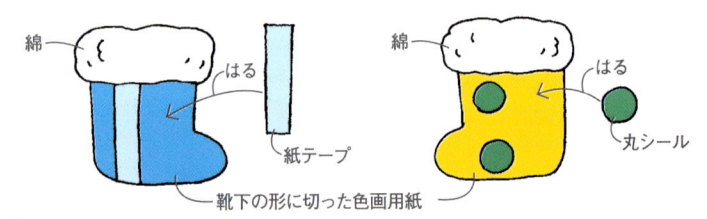

- 綿
- はる
- 紙テープ
- 靴下の形に切った色画用紙
- 丸シール

年齢別 子どもと作れるアイディア

＊靴下＊

3歳 ・クレヨンで描く・
- 画用紙
- はる
- クレヨンで模様を描く
- 靴下の形に切った画用紙

4歳 ・はじき絵・
- 画用紙
- クレヨンで描く
- はる
- 絵の具ではじき絵する

5歳 ・欲しい物を描く・
- 画用紙に欲しい物を描き切って靴下にはる
- 色画用紙
- 画用紙

盛りテクDX　素材をプラス

実際にツリーに飾るオーナメントを壁面に飾ってみてもいいですね。本物のツリーのようで、親しみがわきます。

51

12月 カラフルリースでクリスマス

サンタさんがこっそりプレゼントを届けに来ましたよ。たくさんの素材を使ったカラフルリースを飾って、サンタさんを驚かせましょう♪

型紙 ▶ 109ページ

製作／みさきゆい

素材 色画用紙・画用紙・折り紙・折り紙（銀）
リボン・アルミホイル・綿ロープ・スパンコール

作り方のポイント

リース ・素材を組み合わせる・

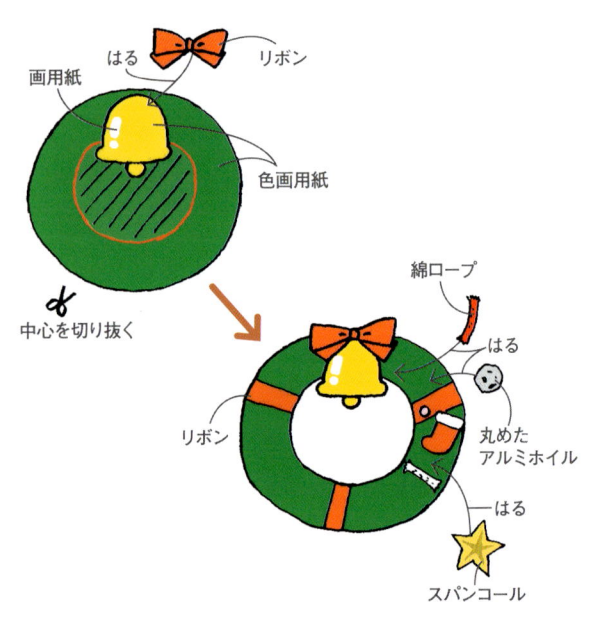

- 画用紙
- はる
- リボン
- 色画用紙
- 中心を切り抜く
- 綿ロープ
- はる
- 丸めたアルミホイル
- リボン
- はる
- スパンコール

年齢別 子どもと作れるアイディア

3歳 ・色画用紙をもんでねじる・

色画用紙をくしゃくしゃにもんでねじって輪にする

リース
- 色画用紙
- はる
- ドングリ
- キラキラテープ
- 折り紙

4歳 ・傘袋に詰める・

- 丸めたフラワーペーパー
- 傘袋
- 詰める
- 色画用紙
- はる
- 輪にする
- モールでねじる
- キラキラテープ
- 丸シール

12月の壁面

5歳・毛糸を通す・

- パンチで穴をあける
- はる
- リボン
- 中心を切り抜く
- カラーせいさく紙
- キラキラテープ
- はる
- 穴に通す
- 毛糸
- パンチで抜いた色画用紙

盛りテクDX 素材をプラス

光る素材を壁面にプラスすると、より華やかになります。キラキラテープの輪つなぎはかんたんで遠くからでもよく映えるので効果的！

12月の壁面

12月
サンタさんにお願い♥カード

野球のバットや大きなケーキなど、欲しい物をプレゼント型のカードに描いてサンタさんにアピール！ サンタさんは見てくれるかな…？

型紙 ▶ 110ページ

製作／イケダヒロコ

素材 色画用紙・画用紙・折り紙（銀）

作り方のポイント

＊サンタカード＊ ・色画用紙の円柱を重ねる・

〈サンタ〉
筒状にした色画用紙
色画用紙を巻く
はり合わせる
はる
描く
画用紙
色画用紙のパーツをはる
はる
画用紙
はる
色画用紙

〈カード〉
色画用紙
折る
はる
フェルトペンで描く
画用紙に描く
色画用紙
はる

子どもと作れるアレンジ
＊プレゼントボックス＊
・空き箱で・
お菓子の空き箱
切り抜く
色画用紙
折ってはる
画用紙に描く
折ってはる

盛りテクDX カラーアレンジ

壁面の背景を紺や黒にすると、よりクリスマスらしい雰囲気に。

12月
かまくら作りにあったか手袋

雪の積もった公園で、動物たちがかまくら作りに挑戦！ 毛糸の手袋があれば、寒い雪の日もへっちゃらですね。

型紙 ▶111ページ

製作／降矢和子

素材 色画用紙・画用紙・毛糸

作り方のポイント

＊手袋＊ ・細かく切った毛糸をはる・

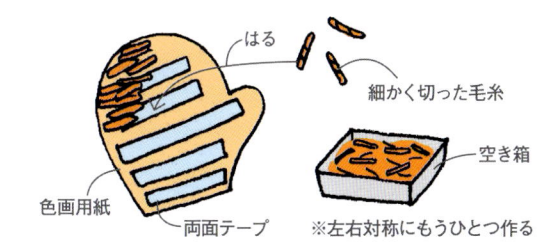

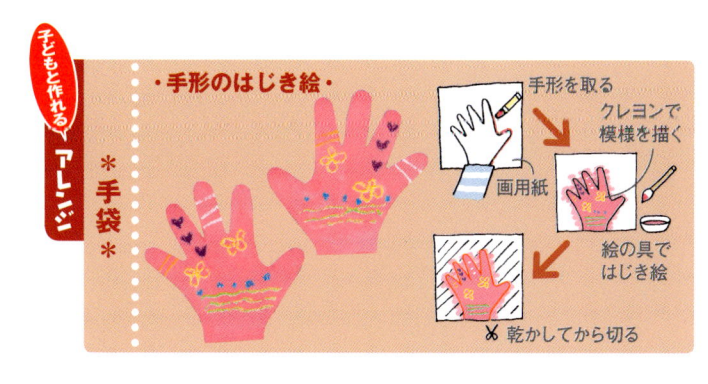

はる / 細かく切った毛糸 / 色画用紙 / 両面テープ / 空き箱 / ※左右対称にもうひとつ作る

子どもと作れるアレンジ

・手形のはじき絵・

＊手袋＊

手形を取る → クレヨンで模様を描く → 絵の具ではじき絵 → 乾かしてから切る

画用紙

盛りテクDX 素材をプラス

冬の壁面は温かな素材を使いたいですね。三つ編みした毛糸をマフラーにして加えるなど、温もりあるアイテムを取り入れてみても。

12月の壁面

1月

みんなで羽根突き 1・2・3！

お正月ならではの遊びで日本の伝統を感じましょう。羽子板は千代紙やキラキラテープでおめでたく装飾を。

型紙 ▶ 112ページ　　　製作/うえはらかずよ

素材 色画用紙・画用紙・千代紙・キラキラテープ・リボン・和ひも

作り方のポイント

＊羽子板＊ ・色画用紙に装飾・

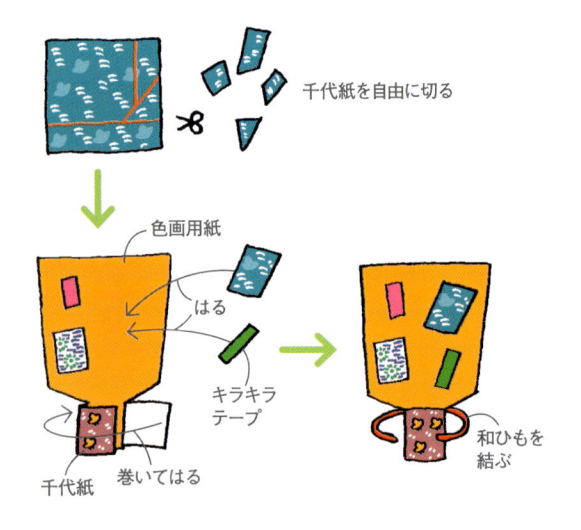

千代紙を自由に切る

色画用紙／千代紙／はる／キラキラテープ／巻いてはる／和ひもを結ぶ

年齢別 子どもと作れるアイディア

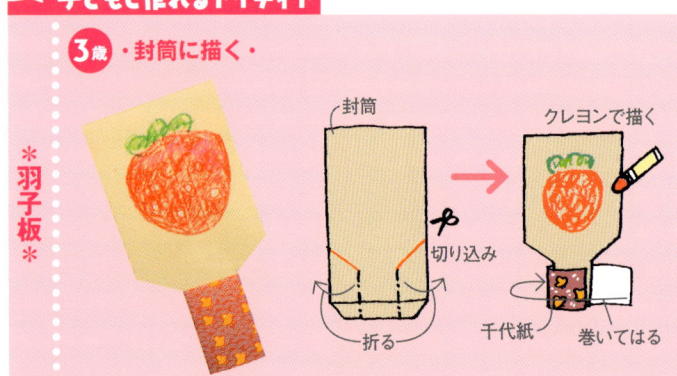

＊羽子板＊

3歳 ・封筒に描く・
封筒／切り込み／折る／クレヨンで描く／千代紙／巻いてはる

4歳 ・干支を描く・
干支を描く／はる／千代紙／色画用紙

5歳・段ボールに装飾・

〈羽根〉

- 段ボール
- 色画用紙
- 千代紙
- キラキラテープ
- はる
- 和ひもを結ぶ
- 紙テープを巻く
- 色画用紙
- スポンジ

遊んでみよう♪

盛りテク DX 配置換え

キャラクターを中央下に配置し、アーチを描くように羽子板をはると、印象が変わります。

1月の壁面

1月
掛け軸ししまいで ハッピーニューイヤー

口がパクパク動くししまいに掛け軸をかまえて、正月飾りに。平たい空き箱だと動かしやすい！ 掛け軸に新年の目標を書いてもいいですね。

型紙 ▶ 113ページ　　　製作／くるみれな

素材　色画用紙・画用紙・和紙・空き箱・毛糸・千代紙・キラキラ折り紙

作り方のポイント

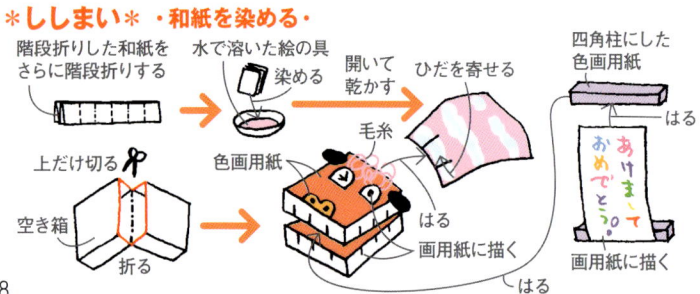

＊ししまい＊　・和紙を染める・

- 階段折りした和紙をさらに階段折りする
- 水で溶いた絵の具で染める
- 開いて乾かす
- ひだを寄せる
- 四角柱にした色画用紙
- はる
- 上だけ切る
- 空き箱
- 折る
- 色画用紙
- 毛糸
- はる
- 画用紙に描く
- はる
- 画用紙に描く

使える！アレンジ
・手に持って遊ぶ・
掛け軸をはる前に、手を入れて口をパクパク動かして遊んでみましょう。
♪パクパク
＊ししまい＊

盛りテクDX 素材をプラス
壁面の背景に紅白の和ひもをプラスします。三つ編みにしてひし形ふうに囲むとお正月らしい！

1月
ぷくぷくおもち焼けました〜！

おもちがぷく〜っと膨らんで、おもしろい形に変身！ フラワーペーパーや傘袋で、大きさを変えて作ってみましょう。

型紙 ▶ 113ページ

製作/藤江真紀子

素材 色画用紙・画用紙・フラワーペーパー・トイレットペーパー芯
傘袋・ティッシュペーパー・レジ袋

作り方のポイント

＊もち＊ ・傘袋に詰める・フラワーペーパーで包む・

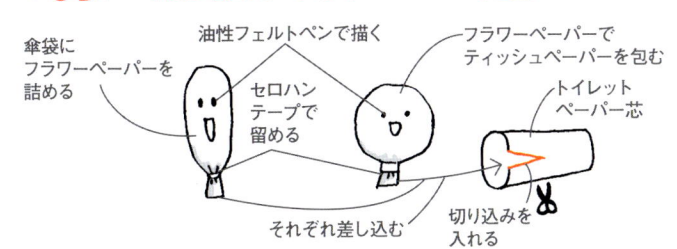

- 傘袋にフラワーペーパーを詰める
- 油性フェルトペンで描く
- セロハンテープで留める
- フラワーペーパーでティッシュペーパーを包む
- トイレットペーパー芯
- それぞれ差し込む
- 切り込みを入れる

子どもと作れるアレンジ

・色画用紙にコラージュ・

＊もち＊

- 色画用紙
- 千代紙
- はる
- 角を切る
- 画用紙
- はる
- 四角く切った色画用紙をつなげる
- 切り抜く
- 色画用紙
- 色画用紙にはる

盛リテクDX カラーアレンジ

果物ネットに絵の具を付けて、もちにスタンプします。ほんのり焦げ目がおいしそう！

- スタンプする
- 絵の具を付けた果物ネット

1月の壁面

2月 ❄
鬼は外！ 的当てゲーム

「ガオー！」と節分の日に鬼たちが大集合！ スポンジを丸く切った豆で豆まき遊びができます。当たると鈴の音が鳴るのも楽しい♪

型紙 ▶114ページ

製作／大橋文男

素材 色画用紙・画用紙・スチレン皿・紙皿・毛糸・キラキラモール・鈴

作り方のポイント

＊鬼＊ ・スチレン皿と紙皿で・

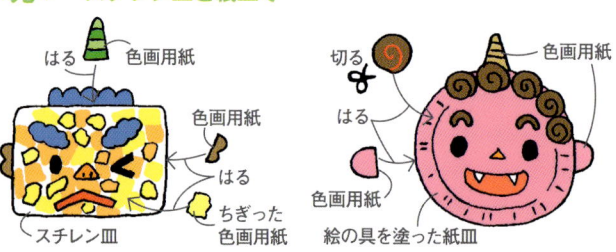

- はる／色画用紙／色画用紙／はる／ちぎった色画用紙／スチレン皿
- 切る／はる／色画用紙／色画用紙／絵の具を塗った紙皿

・紙袋のお面・
子どもと作れるアレンジ

紙袋／色画用紙／折ってはる／束ねた毛糸／はる／取っ手を切る／切り抜く／色画用紙

＊鬼＊

盛りテクDX 遊んでみよう

大きい鬼に点数を書くと、的当てゲームのようで盛り上がります。「音が鳴ったらさらに10点！」などのルールを加えてみても。

2月 ❄
折り紙鬼さん お空で散歩♪

カラフルな鬼たちが、お空に集まってきました。かんたんな折り方で1本つの、2本つのの鬼が作れます。

型紙 ▶ 115ページ

✎ 製作/あきやまりか

素材 色画用紙・画用紙・折り紙・アルミホイル

作り方のポイント

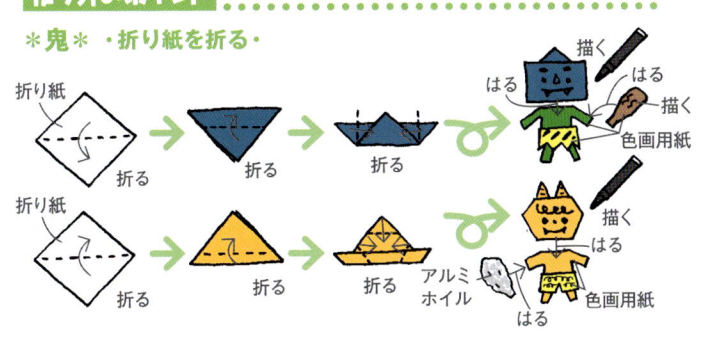

鬼 ・折り紙を折る・

折り紙 → 折る → 折る → 折る → 描く／はる／色画用紙

折り紙 → 折る → 折る → 折る → 描く／はる／アルミホイル／色画用紙

使える！アレンジ
金棒

アルミホイルで立体的に

金棒はアルミホイルを丸めて形を整えて。キラキラでかっこいい金棒のでき上がり！

盛りテクDX 素材をプラス

綿で雲を作って鬼を1体ずつ乗せると、より空の散歩感が出ますね。

綿

2月の壁面

2月 あったかメニューを作ろう！

寒い冬に食べたくなる、あったかメニューを作ってみよう！　おでんにシチュー、鍋焼きうどんにラーメン…。何ができるかな？

型紙 ▶ 115ページ　　　　　　　　　　　　製作／イケダヒロコ

素材　色画用紙・画用紙・クレープ紙・モール・カラー片段ボール・毛糸・竹ぐし・スポンジ・透明ビニール・綿ロープ・スズランテープ

作り方のポイント

鍋メニュー・素材を見たてる・

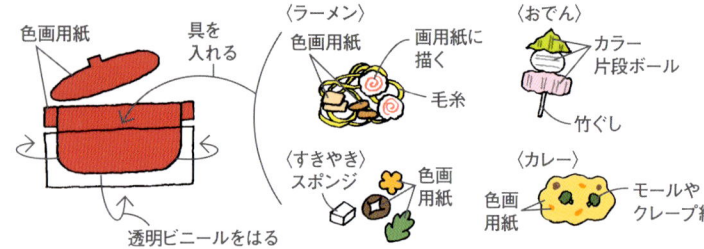

色画用紙／具を入れる／透明ビニールをはる

〈ラーメン〉色画用紙／画用紙に描く／毛糸
〈おでん〉カラー片段ボール／竹ぐし
〈すきやき〉スポンジ／色画用紙
〈カレー〉色画用紙／モールやクレープ紙

使える！アレンジ

鍋メニュー・切り込みに差し込む・

カラーポリ袋／切り込み／色画用紙／描く／差し込む／はる／色画用紙

盛りテクDX　みんなでいっしょに

大きな鍋を作って共同壁面に。みんなで自由に具材をはっていけば、スペシャルメニューの完成！

どこにはる？　ここ！

62
2月の壁画

2月 ❄
キラキラ舞い散る雪の結晶

寒い冬の日、キラキラの雪が舞い降りてきましたよ。雪は竹ひごに毛糸やスズランテープをぐるぐる巻くだけなので、かんたん！

型紙 ▶ 116ページ

製作／藤江真紀子

素材 色画用紙・画用紙・スズランテープ・毛糸・テグス・ビーズ
竹ひご・モール

作り方のポイント

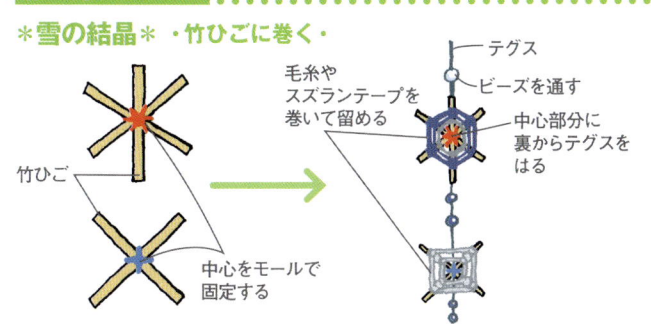

雪の結晶 ・竹ひごに巻く・

- 竹ひご
- 中心をモールで固定する
- 毛糸やスズランテープを巻いて留める
- テグス
- ビーズを通す
- 中心部分に裏からテグスをはる

使える！アレンジ

雪の結晶

・切り込みに引っ掛ける・

- 黒の画用紙
- 切り込みを入れる
- 毛糸やスズランテープを引っ掛ける

盛りテクDX 配置換え

保育室のドアや窓につるしてのれんふうに。まるで雪が降ってきたみたい！

2月の壁面

2月 雪だるま作り大作戦！

雪玉を坂道の上からコロコロ転がして、大きな雪だるまを作っちゃおう！　綿は色画用紙の色が少し見えるようにふんわりはりましょう。

型紙 ▶ 117ページ

製作/マメリツコ

素材 色画用紙・画用紙・モール・綿

作り方のポイント

＊雪だるま＊ ・綿をはる・

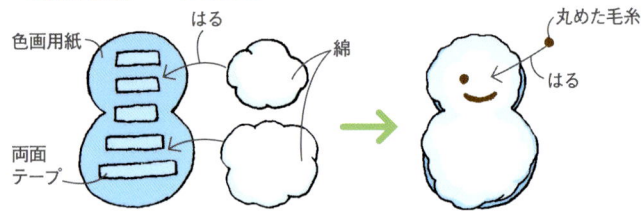

色画用紙／はる／綿／丸めた毛糸／はる／両面テープ

子どもと作れる アレンジ

＊雪だるま＊

・フラワーペーパーをはる・

のりを付けた色画用紙／はる／くしゃくしゃにしたフラワーペーパー／色画用紙／はる／切る

盛リテクDX　素材をプラス

はぎれの帽子やマフラー、ボタンなどを加えると、カラフルになってかわいい！

64

2月の壁面

2月 ドキドキ♥バレンタイン

大好きな人へのプレゼント！ おいしいチョコレートができ上がりました。色画用紙をあしらって、かわいくトッピングしましょう。

型紙 ▶118ページ　　　製作/ピンクパールプランニング

素材 色画用紙・画用紙・カラー片段ボール・段ボール

作り方のポイント

チョコレート ・色画用紙でトッピング・

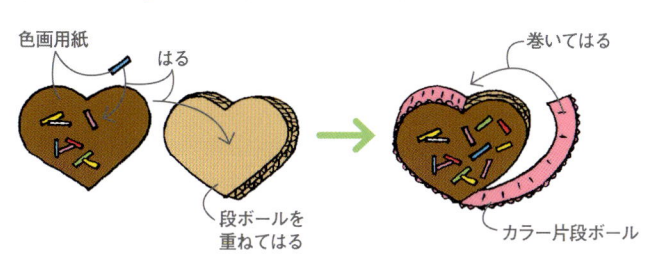

色画用紙 — はる
段ボールを重ねてはる
巻いてはる
カラー片段ボール

子どもと作れる アレンジ

チョコレート

・紙粘土にトッピング・

ビーズ　押し込む　ビーズ
巻いてはる
紙粘土でハート形を作る
カラー片段ボール

盛りテクDX 素材をプラス

チョコレートを袋に入れてラッピング。リボンを付けると本物みたい！ 持ち帰ってプレゼントするのが楽しみですね。

3月
動物たちのひなまつり

動物たちがひなまつりを華やかにお祝いします。三人官女や五人ばやしなど、人形それぞれの役割を伝えるときも、動物だと親しみやすいですね。

型紙 ▶ 119ページ

製作／佐藤ゆみこ

素材 色画用紙・折り紙（金・銀）・千代紙
フラワーペーパー・和紙

作り方のポイント

＊おひなさま＊ ・千代紙と色画用紙を重ねる・

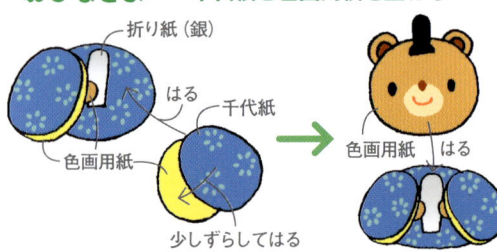

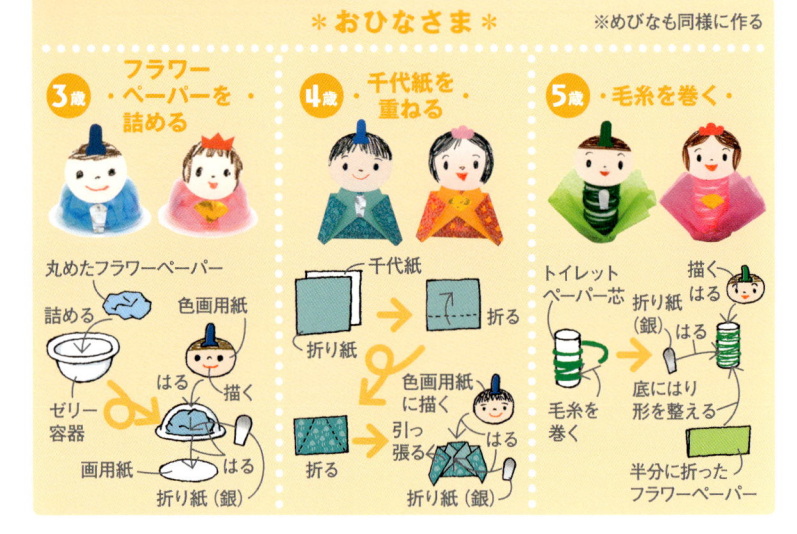

- 折り紙（銀）
- はる
- 千代紙
- 色画用紙
- 少しずらしてはる
- 色画用紙
- はる

年齢別 子どもと作れるアイディア

＊おひなさま＊　※めびなも同様に作る

3歳・フラワーペーパーを詰める
- 丸めたフラワーペーパー
- 詰める
- ゼリー容器
- 色画用紙
- はる
- 描く
- 画用紙
- はる
- 折り紙（銀）

4歳・千代紙を重ねる
- 千代紙
- 折り紙
- 折る
- 色画用紙に描く
- 引っ張る
- はる
- 折る
- 折り紙（銀）

5歳・毛糸を巻く
- トイレットペーパー芯
- 描く
- はる
- 折り紙（銀）
- はる
- 毛糸を巻く
- 底にはり形を整える
- 半分に折ったフラワーペーパー

盛りテクDX　素材をプラス

おひなさまの着物を、千代紙と色画用紙を組み合わせてさらに重ね、十二単ふうにすると、より本物らしさがアップします。

3月 ふんわりスポンジのおひなさま

スポンジに千代紙を巻いたアイディアひな人形。子どもが選べるよう、さまざまな色や柄の千代紙を用意しましょう。スポンジをつまんで動かして遊べます。

型紙 ▶ 119ページ　　製作／ピンクパールプランニング

素材 色画用紙・千代紙・スポンジ

作り方のポイント

＊おひなさま＊　・スポンジに千代紙を巻く・

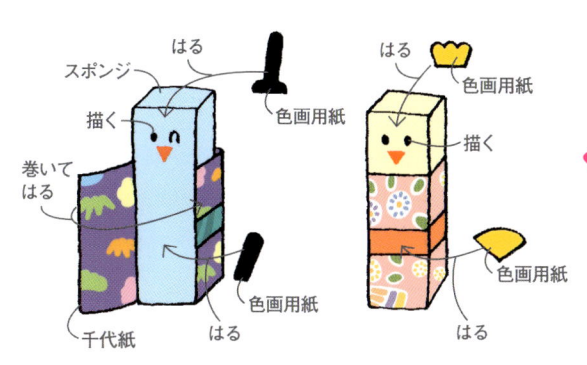

- スポンジ
- はる
- 描く
- 色画用紙
- 巻いてはる
- 色画用紙
- 千代紙
- はる
- 描く
- 色画用紙
- はる

年齢別 子どもと作れるアイディア

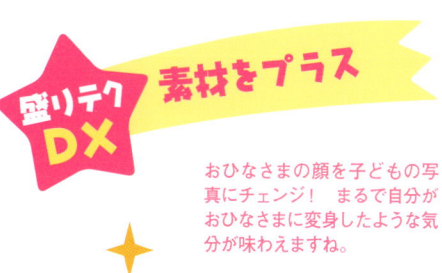

＊おひなさま＊　※めびなも同様に作る

3歳 ・折り紙を折る・
折り筋を付ける → 折り紙 → 折る → 画用紙に描く → はる 色画用紙 描く

4歳 ・コーヒーフィルターを染める・
フェルトペンで模様を描く → 霧吹きでにじませる → コーヒーフィルター 色画用紙 → はる

5歳 ・千代紙を折る・
三角に折った千代紙と折り紙をずらして重ねる → 折る 色画用紙 → はる 顔を描いて切る

盛りテクDX　素材をプラス

おひなさまの顔を子どもの写真にチェンジ！　まるで自分がおひなさまに変身したような気分が味わえますね。

3月
進級おめでとう列車、しゅっぱーつ！

華やかなお花畑を走る列車から、動物たちがお祝いをしています！ 進級への期待が膨らむ元気いっぱいの壁面です。

型紙 ▶ 120ページ

製作/藤沢しのぶ

素材 色画用紙・画用紙・フラワーペーパー

作り方のポイント

お花 ・フラワーペーパーをねじる・

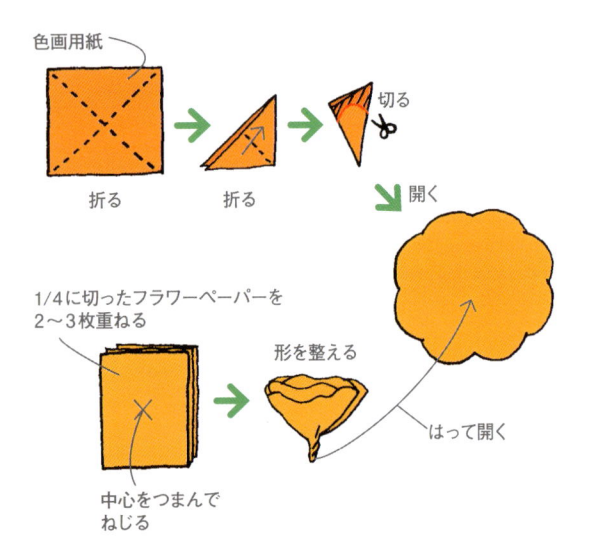

色画用紙

折る → 折る → 切る → 開く

1/4に切ったフラワーペーパーを2〜3枚重ねる

中心をつまんでねじる → 形を整える → はって開く

年齢別 子どもと作れるアイディア

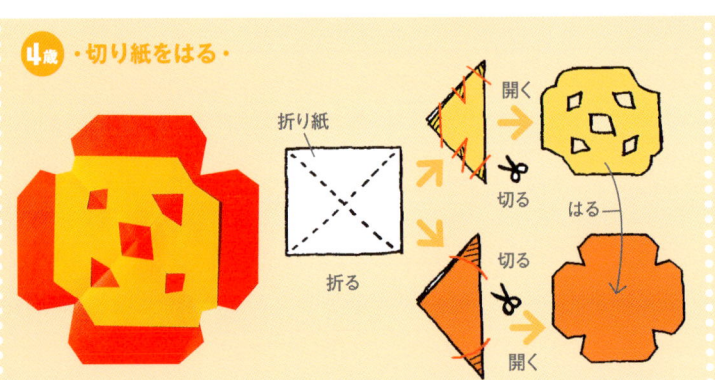

3歳 ・丸シールをはる・

色画用紙
はる
丸シール

4歳 ・切り紙をはる・

折り紙
折る → 切る → 開く → 切る → 開く → はる

お花

きゅうおめでとう♪

5歳 ・色画用紙の輪をはる・

色画用紙の帯を
輪にしてはる

色画用紙

盛リテクDX キャラクターアレンジ

キャラクターの代わりに、画用紙に描いた子どもの自画像を列車に乗せてもいいですね。みんなで次のクラスへGO！

そつえん おめでとう

3月 おめでとう気球に乗って出発！

カラーポリ袋の気球に乗って、卒園児が出発！ 綿が入った気球の立体感が、園から飛び立つ雰囲気を演出します。

型紙 ▶ 121ページ

製作／とりうみゆき

素材 色画用紙・画用紙・厚紙・カラーポリ袋・フラワーペーパー・キラキラテープ・綿・毛糸

作り方のポイント

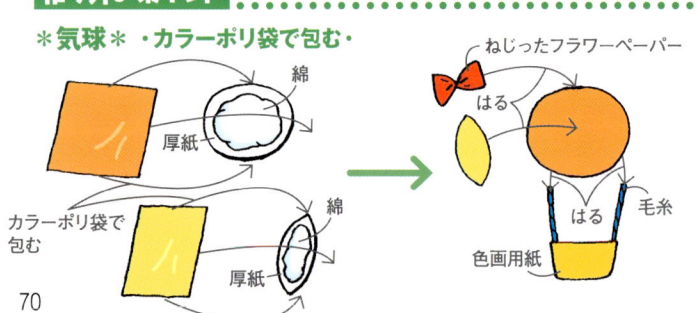

＊気球＊ ・カラーポリ袋で包む・

- 厚紙
- 綿
- カラーポリ袋で包む
- 厚紙
- 綿

→

- ねじったフラワーペーパー
- はる
- はる
- 毛糸
- 色画用紙

子どもと作れる アレンジ ・似顔絵を描く・

色画用紙に自画像を描く
モール
色画用紙

盛りテクDX 配置換え

気球の配置を縦長にすることで、空へ飛び立っている感じがよりいっそう出ますね。

3月の壁画

3月
2色の切り起こしタンポポ

色画用紙に切り込みを入れて、交互に折るだけのかんたんタンポポです。画用紙で作ると綿毛にも大変身！

型紙 ▶ 122ページ

製作／藤江真紀子

素材 色画用紙・画用紙・フラワーペーパー

作り方のポイント

＊タンポポ・綿毛＊ ・色画用紙に切り込みを入れる・

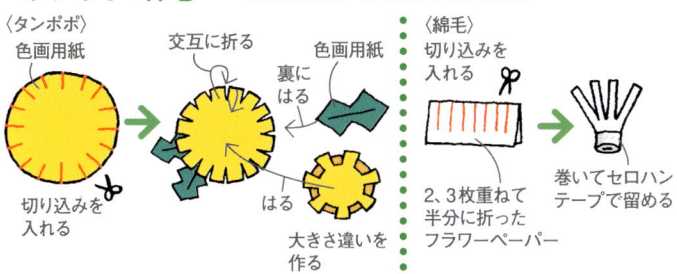

〈タンポポ〉
色画用紙 → 交互に折る → 色画用紙 裏にはる / はる
切り込みを入れる　大きさ違いを作る

〈綿毛〉
切り込みを入れる → 2、3枚重ねて半分に折ったフラワーペーパー → 巻いてセロハンテープで留める

使える！アレンジ
・画用紙の帯を重ねる・
綿毛 / 画用紙 / はる

盛りテクDX カラーアレンジ

背景の色を緑ベースにして、一面をタンポポ畑に変身させてみましょう。

71

誕生表
飛び出すスターのプレゼント☆

プレゼントボックスから、星が飛び出して誕生児をお祝いします。カラフルに作るとかわいい！

型紙 ▶ 122ページ　　製作/みさきゆい

素材 色画用紙・キラキラテープ・キラキラシート

作り方のポイント

＊星＊ ・光る素材と合わせる・

キラキラシート　色画用紙　はる　書く

使える！アレンジ

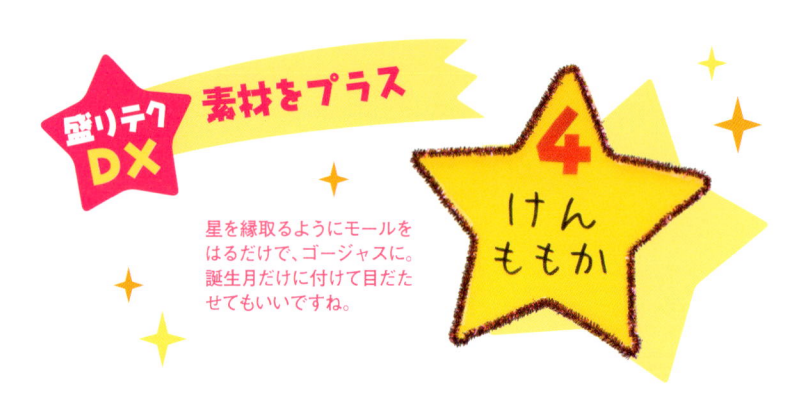

・カラーポリ袋で包む・

＊星＊　カラーポリ袋で包む　厚紙　切り込みを入れる　はる　色画用紙　油性フェルトペンで書く

盛りテクDX　素材をプラス

星を縁取るようにモールをはるだけで、ゴージャスに。誕生月だけに付けて目だたせてもいいですね。

4 けんももか
5 りくみなみ
6 ゆうきあやね
7 はやてゆま
8 とうまあみ
9 たくやあい
10 あゆむゆめ
11 りょうみな
12 ともひろゆうり
1 しょうごみく
2 りゅうたひかり
3 そらあおい

おたんじょうび おめでとう

誕生表

季節のモチーフでウキウキ誕生日

それぞれの月に合ったモチーフをあしらった、季節感のある誕生表です。1年間のワクワクをぎゅっと詰め込みました。

型紙 ▶ 123ページ

製作／大橋文男

素材 色画用紙・画用紙・丸シール・段ボール

作り方のポイント

* 季節のモチーフ *　・段ボールで立体感を・

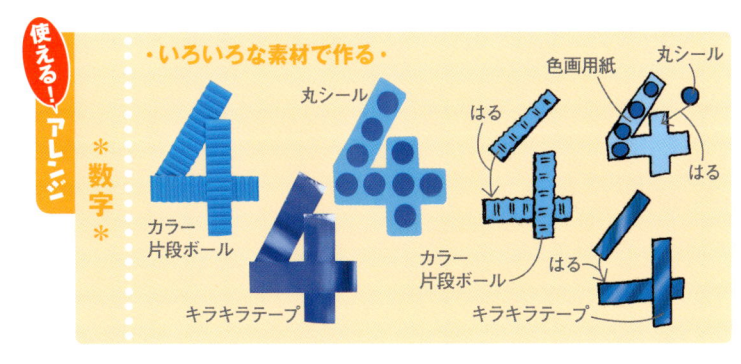

色画用紙／はる／段ボール

使える！アレンジ

* 数字 *　・いろいろな素材で作る・

カラー片段ボール／キラキラテープ／丸シール／はる／色画用紙／丸シール／カラー片段ボール／キラキラテープ／はる

盛りテクDX 配置換え

それぞれのキャラクターに旗を持たせて、そこにモチーフをあしらいます。名付けて「旗を持って行進！」壁面。

おたんじょうびおめでとう

誕生表
バースデーケーキをめしあがれ

誕生児のために、ヒヨコたちが大きなケーキ作りに挑戦！ スポンジ部分にフルーツをトッピングするなど、オリジナルケーキを作ってみても。

型紙 ▶ 123ページ

製作／マメリツコ

素材 色画用紙・画用紙

作り方のポイント

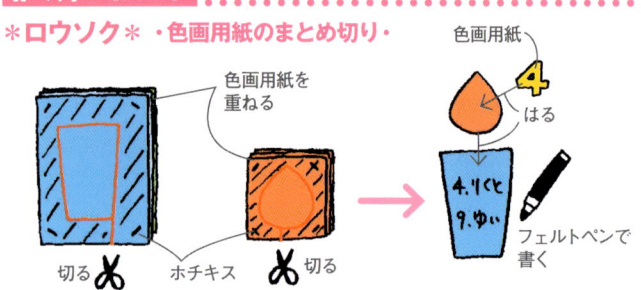

＊ロウソク＊ ・色画用紙のまとめ切り・

色画用紙を重ねる → 色画用紙 4 はる → フェルトペンで書く

切る ホチキス 切る

子どもと作れるアレンジ

・チラシの切り抜きを使う・

＊ケーキ＊

「イチゴにする」

自由にチラシを切る

盛りテクDX カラーアレンジ

土台の色を茶色やピンクに変えて、チョコレートやイチゴ味のケーキを作ってみよう！

おたんじょうび おめでとう

4　4.りくと　9.ゆい
5　10.ちな　25.しょう
6　6.かい　12.みさき　25.がく
7　7.みき　20.けんと
8　14.きえ　30.まさと
9　9.ふうか　13.すず
10　22.かえ　29.だいち
11　9.ななみ　12.はると　30.たいが
12　10.みどり　13.けん
1　17.ここな　21.だいご　29.ゆいか
2　10.あい　12.ゆうた　20.みく
3　3.まなみ　6.りょう　20.なな

おたんじょうびおめでとう

誕生表
プチカップケーキでお祝いしよう

ナチュラルな素材を組み合わせた、カラフルカップケーキを召し上がれ。素材のよさや色の組み合わせのセンスで見せるワザあり壁面です。

型紙 ▶ 124ページ　　　　　　　　　　　　製作/ささきともえ

素材 色画用紙・画用紙・包装紙・段ボール・麻ひも　レースペーパー・ボタン・マスキングテープ

作り方のポイント

カップケーキ ・ナチュラル素材を組み合わせる・

- 色画用紙
- 包装紙
- はる
- マスキングテープに書く
- 色画用紙
- はる
- 段ボールの片面をきれいにはがす
- レースペーパー

使える！アレンジ ・写真をプラス・
カップケーキ

子どもの写真
切る
切る

盛りテクDX　キャラ足し

壁面の空いたところにプチキャラを1体プラスするだけで、印象が変わります。コックさんなど、壁面に合ったキャラクターを入れるとかわいい！

誕生表

誕生表 🎂
お誕生日の汽車ポッポー！

ゾウの運転士が、お友達を乗せて汽車でやって来ました。汽車は弧を描くように綿ロープでつなげて、まとまり感を出しましょう。

型紙 ▶ 124ページ　　　　　　　　　　製作／とりうみゆき

素材 色画用紙・画用紙・綿ロープ

作り方のポイント

＊汽車＊ ・綿ロープでつなげる・

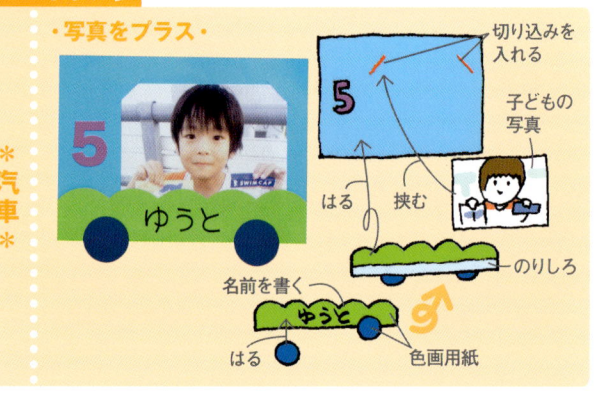

- 綿ロープ
- 色画用紙
- 書く
- はる

使える！アレンジ

＊汽車＊ ・写真をプラス・

- 切り込みを入れる
- 子どもの写真
- はる
- 挟む
- のりしろ
- 名前を書く
- はる
- 色画用紙

盛りテクDX　配置換え

飾るスペースに余裕があれば、一直線に並べて連なっている感じを出してみるのもテクニック！

おたんじょうびおめでとう

3 ちひろ
2 しん さら

おた

1	かれん けいた
12	ひろむ
11	ゆか しゅん
10	はな
9	たいが かえ
8	そらね あおい
7	はるま
6	りお はやお
5	ゆうと ひなり
4	ももか あい

たんじょうび おめでとう

おたんじょうびおめでとう

- 4月 りく まゆみ
- 5月 こうだい すずね りょう
- 6月 かい なおこ
- 7月 みかこ しゅん
- 8月 ふみ みれい
- 9月 まさる ちぐさ
- 10月 りゅうた
- 11月 とも かずよし
- 12月 えいじ あき
- 1月 しげふみ さちこ
- 2月 はるか みその
- 3月 たまき ちえ だいすけ

誕生表 おとぎの国から バースデー

白雪姫と7人のこびとたちが歌って踊って誕生日をお祝い！ 音符は波を描くようにはって、動きを出しましょう。

型紙 ▶125ページ

製作／福島 幸

素材 色画用紙・画用紙

作り方のポイント

＊音符＊ ・色画用紙のまとめ切り・
- 色画用紙を重ねる
- ホチキス
- 切る

使える！ アレンジ ・手足が動くしかけ・

＊こびと＊

穴をあける／重ねる／パーツはすべて色画用紙／画用紙／色画用紙／はる／割りピンを差し込みふたまたに開く

盛りテクDX 配置換え

音符と7人のこびとで二重円を作るように中心の白雪姫を囲みます。線から円になるので、一気に印象が変わりますね。

誕生表
ワクワク恐竜パラダイス

カラフルな恐竜たちが誕生月の旗を持って、誕生日をお知らせ！
たまごの柄や表情などひとつずつ違うと子どももうれしいですね。

型紙 ▶126ページ　　製作/rikko

素材 色画用紙・画用紙

作り方のポイント

＊たまご＊ ・色画用紙で模様付け・

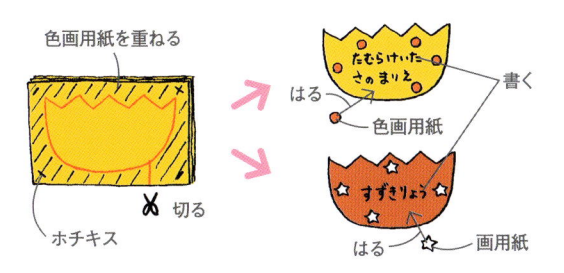

- 色画用紙を重ねる
- ホチキス
- 切る
- はる
- 書く
- 色画用紙
- 画用紙

使える！アレンジ
・包装紙を加える・

＊たまご＊

好きな柄の包装紙を切る

盛りテクDX　素材をプラス

- 色画用紙
- はる
- カラーポリ袋
- 後ろにはる

誕生月の恐竜にはマントや王冠を加えて目だたせましょう。誕生日の特別感が出てうれしい！

おたんじょうび おめでとう

5　たちばな ゆか　ささき しほう
6　おおしま あいり　みふね たける
7　さとう ゆうき　きむら えり
8　すずき りょう
9　こうの たくと　やまざき こうた
10　むらい みづき　しぶや りこ
11　とべ りくと　まなべ すみれ
12　かわさき みれい
1　きたにし ゆり　ほんだ だいご
2　あいだ しおん
3　こみやま あい　おのだ しんご
4　たむら けいた　さの まりえ

おたんじょうび おめでとう!

- 4 ありさ たくみ
- 5 なおき わかば
- 6 ひかり たつあき
- 7 りく なつみ
- 8 りょうた はるか
- 9 さとみ こうたろう
- 10 かんな けんいち
- 11 みすず かいと
- 12 せいな つよし
- 1 こういち しんこ
- 2 あつひろ もも
- 3 かける さくらこ

誕生表
プカプカ飛ばそう♪ シャボン玉パーティー

マーブリングの色鮮やかなシャボン玉をふんわり飛ばしたお誕生表です。マーブリングは色を3〜4色入れて吹くときれいな模様が作れます。

型紙 ▶127ページ　　製作/うえはらかずよ

素材 色画用紙・画用紙・モール・マーブリング液

作り方のポイント

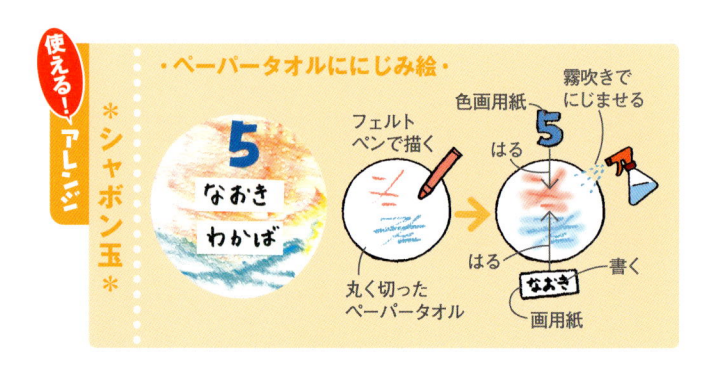

シャボン玉
- 画用紙
- 表面に付ける
- マーブリング液を3〜4色入れて吹く
- 水を入れたトレイ

マーブリング
- 色画用紙
- はる
- 書く
- 切る

使える!アレンジ
シャボン玉 ・ペーパータオルにじみ絵・
- 丸く切ったペーパータオル
- フェルトペンで描く
- 霧吹きでにじませる
- 色画用紙
- はる
- 書く
- 画用紙

盛リテクDX 配置換え

窓とキャラクターを角に寄せて、横に流れるようにシャボン玉を配置すると広がりが出ますね。

かわいく華やかにグレードアップ！
使える盛りテク集

保育が広がる！子どもも保育者もうれしい!!

ちょこっと足すだけで いつもの壁面から DX(デラックス)壁面に！

毎月の壁面製作に頭を悩ませる保育者も多いはず。飾り方や作り方がマンネリ化しがちな壁面にちょこっと足すだけで、いつもの壁面がよりかわいく、より華やかにグレードアップする盛りテクニックをご紹介します。

毎月作る壁面。いろいろ工夫したいんだけど…

A先生の悩み
- いつも同じ… 配色と構図
- なんだか 平面的で単調…
- マンネリ化してしまう 動物キャラクター…

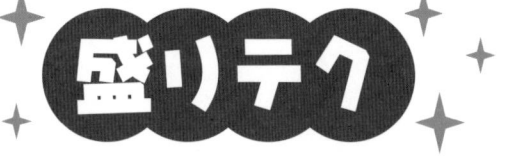

そんな悩みを解決してくれるのが！

盛りテク

いつもの壁面にちょこっと足すだけでよりかわいく、より華やかに！

盛リテク 1　カラーアレンジ

- 子ども がうれしい！ → 色の変化を楽しめる
- 保育者 がうれしい！ → 壁面の印象をがらりと変えられる

いつもと違う色を背景にしたり、差し色を入れたりして、壁面の印象を変えてみましょう。

●背景の色を変えてみよう

白 どんな色にも合わせやすく、ほかの色を引き立てるので、カラフルな壁面にピッタリ！ 壁が白っぽくない場合、背景に画用紙をはるのもひとつの手。

水色 清涼感があり、夏にピッタリの背景色です。空や海など、背景からイメージを膨らませることもできますね。

紺 夜のイメージの演出や、光る素材を飾ると映える背景色です。暗めの色は手を出しにくいかもしれませんが、全体が暗い印象にならないよう、色の組み合わせを工夫すればだいじょうぶ。

●パーツの色を変えてみよう

ケーキ（イチゴケーキ チョコレートケーキ カボチャケーキetc.）
クリームの色を変えるだけで、イチゴやカボチャなど味のバリエーションを楽しめます。

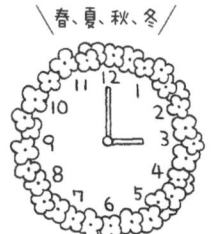

時計（春、夏、秋、冬）
周りの花の色を寒色から暖色にすると、ぐっと印象が変わります。季節に合わせて替えてみても。

果物（リンゴ、ナシ、ミカンetc.）
木になる果実をアレンジ。ナシ狩りなどの園行事に合わせて果実を付け替えてもGOOD！

盛リテク 2 素材をプラス

色画用紙だけの平面的な壁面に、ちょっとした素材を加えると立体的になり、印象が変わります。

STEP 1 使える盛リテク素材

- 子ども がうれしい！ → たくさんの素材に触れ、親しめる
- 保育者 がうれしい！ → かんたんに、かわいく豪華にできる

＼「自分がいる」のがうれしい／
子どもの写真

子どもは自分が飾られる喜びを感じ、保育者は壁面を通してその喜びを共有できます。
▶例えば 76 ページ

＼壁面に動きをプラス／
綿ロープ・毛糸

たわませたり、波形にしたりと形を変えやすいひも類はプラスするだけで作品のアクセントに。毛糸は温かみも出るので、季節感も演出できますね。
▶例えば 63 ページ

豪華さアップ！
キラキラ素材

装飾用モールやキラキラシートを加えると、ぱっと目を引く壁面に早変わり。ポイントに使って華やかに装飾しましょう。
▶例えば 50 ページ

＼立体感を出すなら／
カラー片段ボール

壁面に立体感を出したいときにピッタリの素材。波形で柔らかいので、ただはるだけでも、巻いて筒状にしても使えます。
▶例えば 13・30 ページ

＼ラクラク模様付け／
マスキングテープ

はってはがせるマスキングテープは、かわいさをアップさせたいときにおすすめの素材。柄付きの物も多いので、はるだけで模様が付けられるのがうれしい！
▶例えば 75 ページ

＼季節感や本物らしさを演出／
本物を飾る

ドングリや落ち葉など、自然物を壁面に飾るのも手。本物を飾ることで自然と親しみ、壁面がよりリアルにグレードアップします。
▶例えば 49 ページ

STEP 2 素材を工夫して使ってみよう

- 子ども がうれしい！ → 新しい体験や技法の出会いにワクワク！
- 保育者 がうれしい！ → 製作遊びの幅が広がる

編む
毛糸などのひも類は、ただはるだけでなく編むとより立体感が増し、印象が変わります。子どもといっしょに編むと、楽しみながら指先の発達も促せますね。
▶例えば 55 ページ

縁取る
色画用紙で作ったパーツは平面的ですが、周りを縁取ることによって目を引く壁面に早変わりします。作品に合わせて素材を工夫してみましょう。
▶例えば 72 ページ

遊ぶ
作って飾ったもので遊べるのは、子どもにとってうれしいもの。製作後の保育も広がるので、壁面製作物で遊べる工夫をプラスしてみましょう。 ▶例えば 58 ページ

包む
カラーポリ袋で厚紙や綿などを包むと、立体的になるので目だたせることができます。メインで見せたいモチーフを作るときに試してみては。 ▶例えば 40 ページ

つなぐ
壁面の空きスペースに飾ると効果的なのがつなぎ飾り。輪飾りはかんたんに作れるので、子どもの製作にもピッタリ！
▶例えば 52 ページ

盛リテク3 配置・キャラクターを換える

子ども がうれしい！→ 作品や好きなキャラクターを探す楽しさを味わえる
保育者 がうれしい！→ マンネリ化脱出！

空間を効果的に使って、マンネリ化しがちな構図に変化をつけてみましょう。

中央にメインキャラでインパクトを
メインキャラを大きく中心にレイアウトした、定番の配置。中心が決まるので配置がしやすく、キャラクターが目だつので、壁面初心者の保育者におすすめです。
▶例えば26ページ

均等に並べてまとまりを出す
円にする、均等に並べるなど一定の法則に従って配置すると壁面のまとまり感がアップします。誕生表などにおすすめの構図です。
▶例えば79ページ

パーツアレンジで翌月も飾れる
季節感の出るパーツなど、壁面の一部分をはり換えて翌月も飾ってみましょう。子どもは前月との違いを楽しめ、保育者は作り換えが楽なので、一石二鳥ですね。
▶例えば14ページ

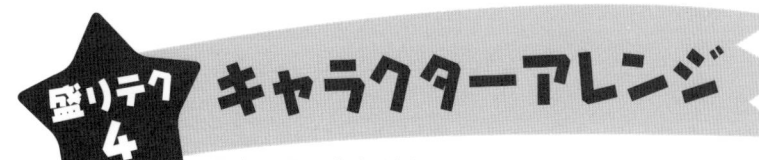

盛リテク4 キャラクターアレンジ

子ども がうれしい！→ いろいろな表情の変化を楽しめる
保育者 がうれしい！→ 本のとおりではなくてOK！プレッシャーを感じず作れる

目や口元で印象が変わるキャラクター。自分のオリジナルのキャラを作ってみても。

顔

動物キャラクターは鼻や耳など特徴的な部分をややおおざさに作ると、その動物らしさを表現できます。顔のパーツははる位置によってだいぶ印象が変わってくるので、何度か配置の組み合わせを試してみるとよいでしょう。

基本
特徴のある鼻を大きく作ってクマらしさを表現します。

目アレンジ
白目を加えると目線を変えられるので、表情に動きが出せます。

目アレンジ
目を大きくしてまつげやハイライトをプラスすると、キュートさがアップします。

口元アレンジ
鼻筋や口の周りに線を加えるとよりクマらしいキャラクターに。

パーツなど

顔を作り換えるのが難しいときは、パーツや色を加えて印象を変えてみましょう。

プラスアイテム
制帽やリボンなど、子どもに親しみのあるものを加えると子どもが注目してくれますね。

柄をプラス
キャラクターの服などに、包装紙をワンポイントに使うと効果的。さまざまな柄を合わせてみましょう。

動きをつける
ポーズに変化をつけるとキャラクターに動きが出ていきいきとした印象に。

かんたん！便利 お手軽型紙

本書紹介の4〜3月の壁面、誕生表の壁面の型紙を掲載しています。
それぞれの園に合わせて拡大率を調整し、コピーしてお使いください。

型紙の拡大率の出し方
おおよその拡大率を計算してみましょう。

拡大率の公式　（Ⓐ 壁面を飾る場所の長さ ÷ Ⓑ 作品写真の横の長さ）×（Ⓒ 作品写真のパーツの長さ ÷ Ⓓ 型紙のページのパーツの長さ）

例）Ⓐ＝180cm、Ⓑ＝20cm、Ⓒ＝4cm、Ⓓ＝8cmの場合、
(180÷20)×(4÷8)＝4.5　つまり450％でコピーを取ります。

※ここでは本誌掲載の壁面と同じ縦横の比率で作る場合の拡大率の出し方を示しています。

P.6-7　4月　サクラ満開！　進級おめでとう

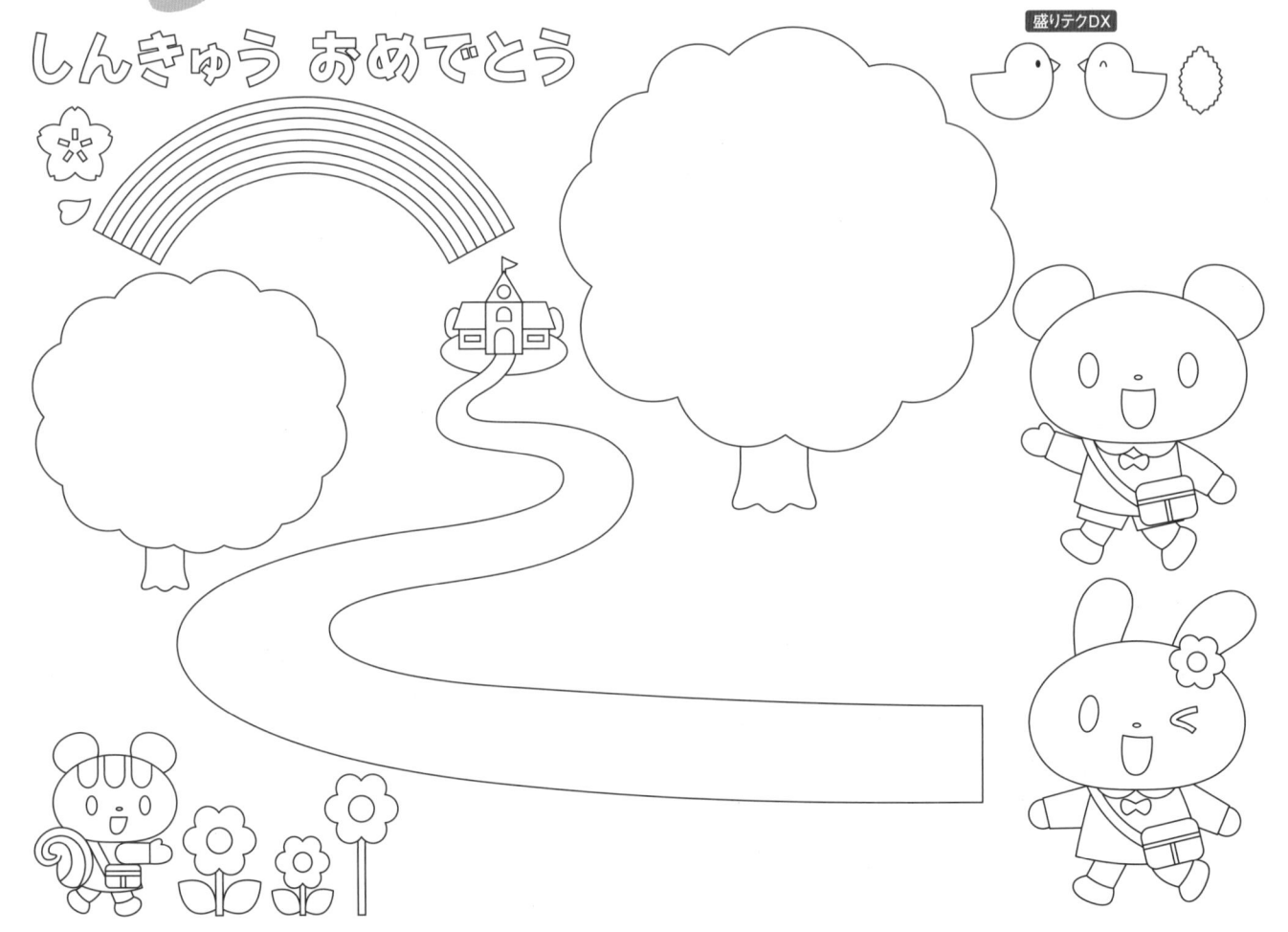

盛りテクDX

しんきゅう おめでとう

● それぞれの園に合わせて拡大率を調整し、コピーしてお使いください。

P.8-9　**4月　お花のアーチでおめでとう！**

＊文字、アーチ、ブランコは2倍に拡大してください。

●それぞれの園に合わせて拡大率を調整し、コピーしてお使いください。拡大率の出し方は84ページをご覧ください。

P.10 **4月 チューリップからこんにちは♪**

盛りテクDX

P.11 4月 フラワー気球でレッツゴー！

なかよし
ぐみ

●それぞれの園に合わせて拡大率を調整し、コピーしてお使いください。拡大率の出し方は84ページをご覧ください。

P.12 4月 おめでとう列車、出発しまーす！

盛りテクDX

※線路は2倍に拡大してください。

P.13 4月 おめでとう！ 通園バスに乗ってGO！

盛りテクDX

●それぞれの園に合わせて拡大率を調整し、コピーしてお使いください。拡大率の出し方は84ページをご覧ください。

P.14 4月 チョウチョウがいっぱい、うれしいな♪

盛りテクDX

P.15 4月 みんなで春のお花集め

×3

盛りテクDX

●それぞれの園に合わせて拡大率を調整し、コピーしてお使いください。拡大率の出し方は84ページをご覧ください。

P.16-17 5月 こいのぼりと空のお散歩

P.18 5月 みんなで遠足楽しいね

P.19 5月 クローバー畑へようこそ

●それぞれの園に合わせて拡大率を調整し、コピーしてお使いください。拡大率の出し方は84ページをご覧ください。

P.20-21 6月 明日天気になあれ！

*虹は2倍に拡大してください。

P.22 6月 アジサイバリエーション

P.23 6月 カラフルアンブレラ

P.24 6月 カエルたちの大合唱

子どもと作れるアレンジ カエルの作り方

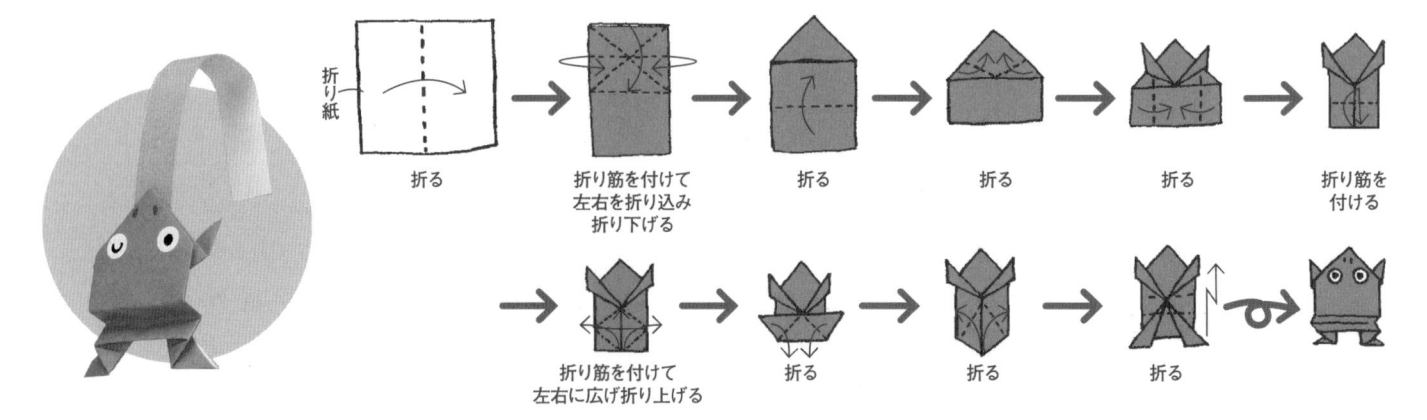

折り紙 → 折る → 折り筋を付けて左右を折り込み折り下げる → 折る → 折る → 折る → 折り筋を付ける → 折り筋を付けて左右に広げ折り上げる → 折る → 折る → 折る

94　●それぞれの園に合わせて拡大率を調整し、コピーしてお使いください。拡大率の出し方は84ページをご覧ください。

P.25 6月 フラワーフロッグ時計

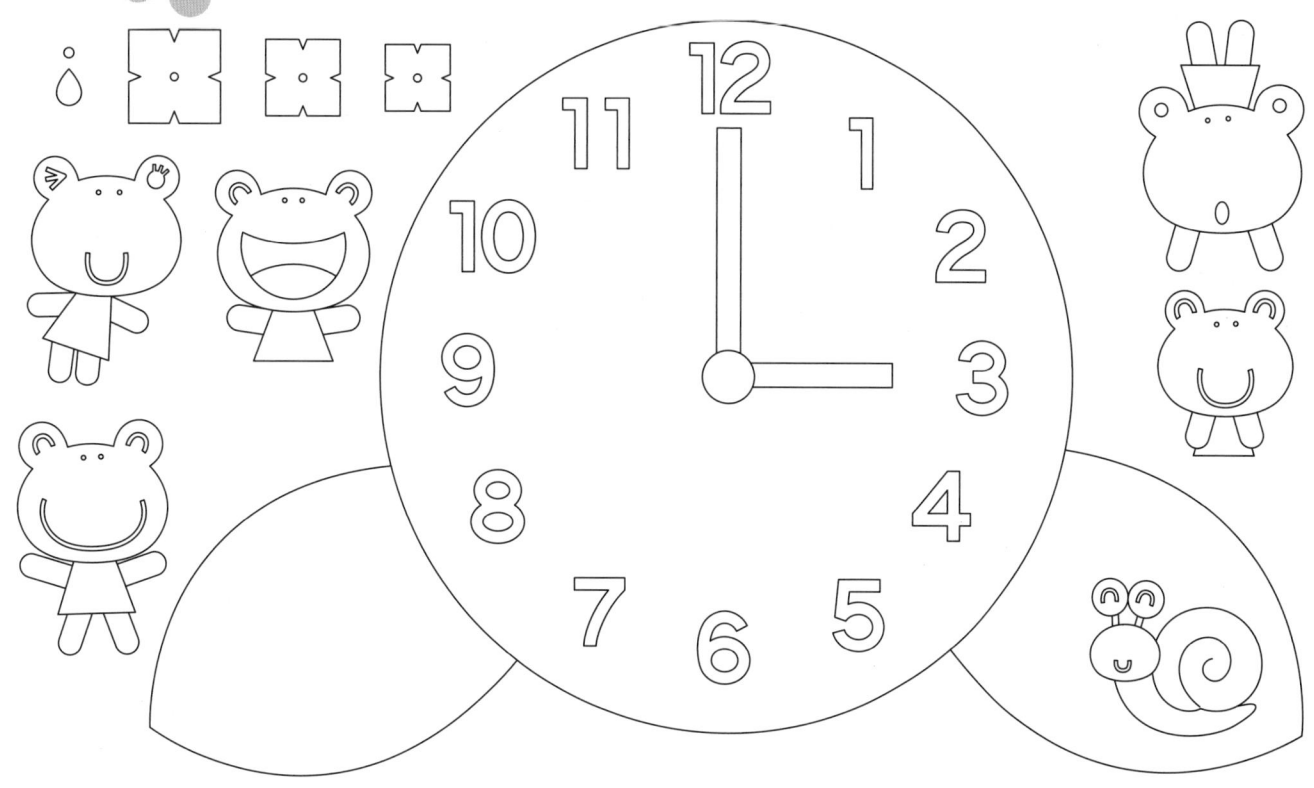

P.26-27 7月 織り姫と彦星の星空ブランコ

*天の川は2倍に拡大してください。

●それぞれの園に合わせて拡大率を調整し、コピーしてお使いください。拡大率の出し方は84ページをご覧ください。

P.28 **7月** 竜宮城へようこそ

P.29 **7月** トロピカルジュースでバカンス

P.30 7月 グングン育って！ アサガオさん

P.31 7月 風鈴屋さんがやってきた！

ふうりん

●それぞれの園に合わせて拡大率を調整し、コピーしてお使いください。拡大率の出し方は84ページをご覧ください。

P.32 8月 ヒマワリ畑に遊びに来たよ♪

P.33 8月 南の島への大航海

P.34 8月 浮き輪いかがですか〜?

P.35 8月 カラフル花火がドドーン!

P.36-37　9月　くるくるブドウパラダイス

P.38　9月　大きなおだんごでお月見♪

P.39　9月　夕焼け空のトンボたち

●それぞれの園に合わせて拡大率を調整し、コピーしてお使いください。拡大率の出し方は84ページをご覧ください。

P.40 9月 実りのカキをめしあがれ

＊木は2倍に拡大してください。

＊山は2倍に拡大してください。

102　●それぞれの園に合わせて拡大率を調整し、コピーしてお使いください。拡大率の出し方は84ページをご覧ください。

P.41 9月 虫たちのオーケストラ

P.42-43 🎃 **10月** みんなでスルスルおイモ掘り

P.44 🎃 **10月** 手作り万国旗で運動会！

P.45 **10月** ハロウィンパーティーが始まるよ♪

*山は2倍に拡大してください。

●それぞれの園に合わせて拡大率を調整し、コピーしてお使いください。拡大率の出し方は84ページをご覧ください。

P.46-47 11月 おしゃれミノムシみ〜つけた！

P.48 11月 みんなでクリ拾い！

＊木は2倍に拡大してください。

●それぞれの園に合わせて拡大率を調整し、コピーしてお使いください。拡大率の出し方は84ページをご覧ください。

P.49 11月 落ち葉のお面が大集合

＊木は2倍に拡大してください。

●それぞれの園に合わせて拡大率を調整し、コピーしてお使いください。拡大率の出し方は84ページをご覧ください。

P.50-51 12月 大きなツリーにみんなで飾ろう♪

*ツリーとリボンは2倍に拡大してください。

108 ●それぞれの園に合わせて拡大率を調整し、コピーしてお使いください。拡大率の出し方は84ページをご覧ください。

P.52-53 12月 カラフルリースでクリスマス

P.54 12月 サンタさんにお願い♥カード

P.55　12月　かまくら作りにあったか手袋

P56-57 1月 みんなで羽根突き1・2・3！

112　●それぞれの園に合わせて拡大率を調整し、コピーしてお使いください。拡大率の出し方は84ページをご覧ください。

P.58　1月　掛け軸ししまいでハッピーニューイヤー

P.59　1月　ぷくぷくおもち焼けました〜！

●それぞれの園に合わせて拡大率を調整し、コピーしてお使いください。拡大率の出し方は84ページをご覧ください。

P.60 2月 鬼は外！ 的当てゲーム

●それぞれの園に合わせて拡大率を調整し、コピーしてお使いください。拡大率の出し方は84ページをご覧ください。

P.61 2月 折り紙鬼さんお空で散歩♪

P.62 2月 あったかメニューを作ろう！

P.63 2月 キラキラ舞い散る雪の結晶

116 ●それぞれの園に合わせて拡大率を調整し、コピーしてお使いください。拡大率の出し方は84ページをご覧ください。

P.64 2月 雪だるま作り大作戦!

*坂道は2倍に拡大してください。

●それぞれの園に合わせて拡大率を調整し、コピーしてお使いください。拡大率の出し方は84ページをご覧ください。

P.65 2月 ドキドキ♥バレンタイン

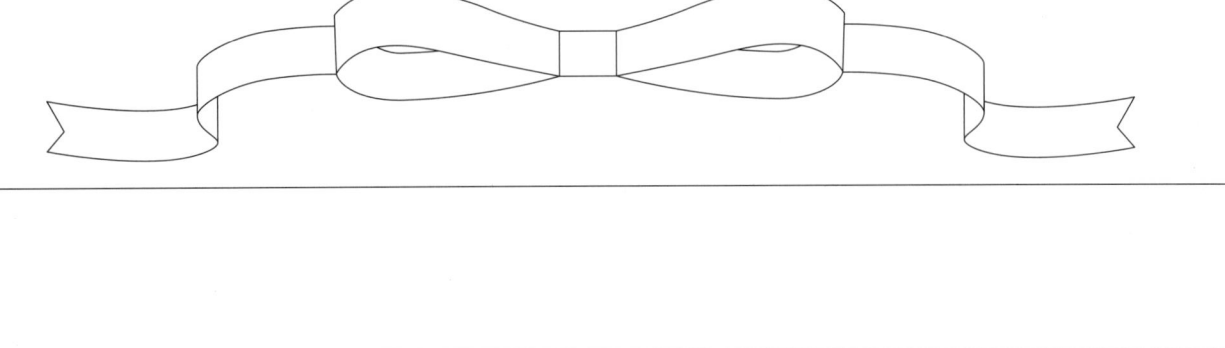

*リボンと机は2倍に拡大してください。

P.66　3月　動物たちのひなまつり

P.67　3月　ふんわりスポンジのおひなさま

＊飾り枠は2倍に拡大してください。

●それぞれの園に合わせて拡大率を調整し、コピーしてお使いください。拡大率の出し方は84ページをご覧ください。

P.68-69 3月 進級おめでとう列車、しゅっぱ～つ！

*旗は2倍に拡大してください。

P.70 3月 おめでとう気球に乗って出発！

P.71 3月 2色の切り起こしタンポポ

P.72 誕生表 飛び出すスターのプレゼント☆

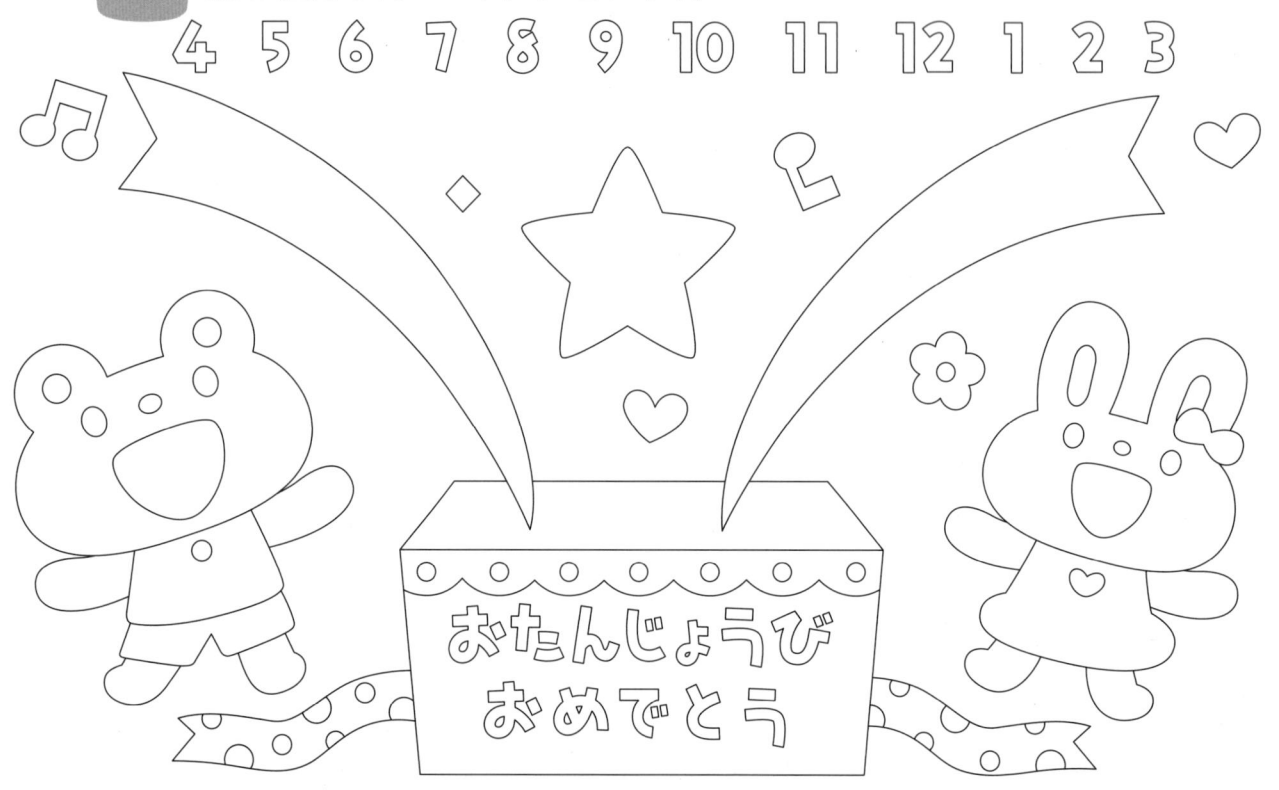

4 5 6 7 8 9 10 11 12 1 2 3

おたんじょうび おめでとう

●それぞれの園に合わせて拡大率を調整し、コピーしてお使いください。拡大率の出し方は84ページをご覧ください。

P.73 誕生表 季節のモチーフでウキウキ誕生日

P.74 誕生表 バースデーケーキをめしあがれ

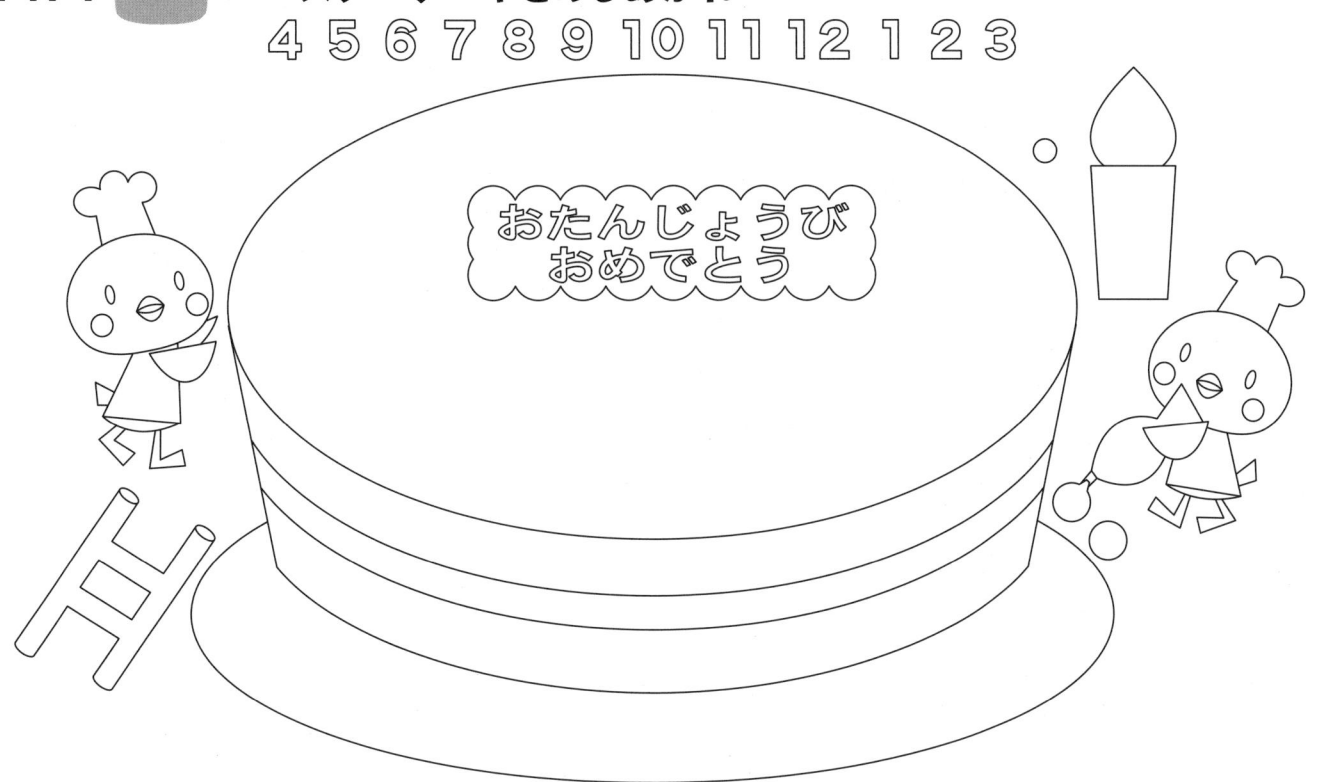

4 5 6 7 8 9 10 11 12 1 2 3

P.75 誕生表 **プチカップケーキでお祝いしよう**

4 5 6 7 8 9 10 11 12 1 2 3

おたんじょうびおめでとう

P.76-77 誕生表 **お誕生日の汽車ポッポー！**

3 2 1 12 11 10

おたんじょうび おめでとう

9 8 4 5 6 7

●それぞれの園に合わせて拡大率を調整し、コピーしてお使いください。拡大率の出し方は84ページをご覧ください。

P.78 誕生表 **おとぎの国からバースデー**

*虹は2倍に拡大してください。

おたんじょうびおめでとう
4月 5月 6月 7月 8月 9月
10月 11月 12月 1月 2月 3月

●それぞれの園に合わせて拡大率を調整し、コピーしてお使いください。拡大率の出し方は84ページをご覧ください。

P.79 誕生表 ワクワク恐竜パラダイス

4 5 6 7 8 9 10 11 12 1 2 3

おたんじょうび
おめでとう

P.80 誕生表 プカプカ飛ばそう♪ シャボン玉パーティー

おたんじょうび おめでとう！

4 5 6 7 8 9 10
11 12 1 2 3

●それぞれの園に合わせて拡大率を調整し、コピーしてお使いください。拡大率の出し方は84ページをご覧ください。

壁面製作・キャラクター

- あきやまりか
- イケダヒロコ
- うえはらかずよ
- 大橋文男
- 北向邦子
- くまのこ
- くるみれな
- コダシマアコ
- ささきともえ
- 佐藤ゆみこ
- 田中なおこ
- 谷村あかね
- とりうみゆき
- ピンクパールプランニング
- 福島 幸
- 藤江真紀子
- 藤沢しのぶ
- 降矢和子
- マメリツコ
- みさきゆい
- むかいえり
- rikko

※本書は、『月刊 保育とカリキュラム』2011年度～2013年度掲載の壁面の中から厳選したものと、新たに製作した壁面を合わせて、『月刊 保育とカリキュラム』2014年3月号臨時増刊号として発行したものを、単行本化したものです。

STAFF

本文イラスト
とみたみはる・ささきともえ

型紙イラスト
坂川由美香（AD・CHIAKI）・あきやまりか・イケダヒロコ
くるみれな・谷村あかね・とりうみゆき・藤江真紀子
藤沢しのぶ・降矢和子・むかいえり

アートディレクション
大薮胤美（フレーズ）

本文デザイン
瀬上奈緒（フレーズ）

写真撮影
小野寺宏友・山田博三

編集協力
株式会社 童夢

企画協力
保育教材研究会・内本久美

企画編集
長田亜里沙・安藤憲志

校正
堀田浩之

年齢別 子どもと作れるアイディア47点　使える！アレンジ49点

かわいい壁面12か月DX（デラックス）

2014年11月　初版発行
2019年3月　第10版発行

編著者　ひかりのくに編集部
発行人　岡本 功
発行所　ひかりのくに株式会社
〒543-0001
大阪市天王寺区上本町3-2-14
郵便振替 00920-2-118855　TEL.06-6768-1155

〒175-0082
東京都板橋区高島平6-1-1
郵便振替 00150-0-30666　TEL.03-3979-3112
ホームページアドレス
http://www.hikarinokuni.co.jp
印刷所　大日本印刷株式会社

© 2014 HIKARINOKUNI　Printed in Japan
ISBN 978-4-564-60858-2
乱丁、落丁はお取り替えいたします。　NDC 376　128P　26×21cm

本書を代行業者等の第三者に依頼してコピー、スキャンやデジタル化することは、たとえ個人や家庭内の利用であっても著作権法上認められておりません。